2022《產業人物》雜誌

U0082707

史無前例
智財專家 齊聚挺你

半導體突破四兆 **莫忘潘文淵**

李國鼎紀念論壇 半導體巨擘談未來

三大科學園區 產值創新高之秘

四所頂大半導體學院 擴大產學合作

宏津數位 出版

COVER STORY

6 5G 智權 SIG ／ IP Bank
**史無前例
智財專家齊聚挺你**

Contents

PUBLISHER'S NOTE

4 王麗娟
處處用心　締造輝煌成就

SPECIAL COLUMN

26 潘文淵文教基金會 25 週年
臺灣半導體從零到四兆元
莫忘潘文淵

32 一流的人生
緬懷劉炯朗校長

TREND OUTLOOK

58 CADENCE
從 EDA 轉型 SDA
加快智慧系統設計戰略奏功

134 胡國琳
後疫情時代
歐美 FinTech 產業趨勢

112 工研院
南臺灣布局新科技
勇闖化合物半導體新世界

CSR

62 旺宏教育基金會
深耕科普 20 年
不忘初心堅持創新

66 看見創新大未來
第 16 屆盛群盃　培養跨領域人才

90 郭銓慶
守護台灣永續環境
照顧優雅熟年生活

TREND OUTLOOK

40 緬懷李國鼎資政
臺灣半導體兆世代揭幕

SCIENCE PARK HIGHLIGHTS

72 竹科
歡慶 41 週年
加快創新，產值再登新高！

76 中美矽晶集團 41 週年
眺望遠方、勇敢做夢

86 中科
打造永續經營環境
推升產業成長破兆

92 山林水
以工程服務營造優質環境
打造愛臺灣方程式

96 南科
聚落效應蓬勃發展
南科產值首度破兆

INNOVATION

82 創鑫智慧
進駐竹科衝刺 7 奈米
AI 晶片受矚目

ANNUAL HONOR

100 崇越／安永鮮物
布局大健康事業
安永鱸魚精獲國家級認證

104 葉均蔚
帶著使命感做研究
開創全球材料科學新領域

108 ISSCC
2021 A-SSCC
臺灣 14 篇論文全球矚目

INDUSTRY + UNIVERSITY

116 成功大學「智慧半導體及永續製造學院」
分工共榮平台
成為世界相信的力量

120 陽明交大「產學創新研究學院」
培育頂尖科技人才
產學協力打世界盃

126 臺灣大學「重點科技研究學院」
跳脫框架　鞏固護國產業

130 清華大學「半導體研究學院」
把心放上去
培育專才、通才、活才

SPOTLIGHT

135
焦點新聞

FIND US

142
產業人物 Wa-People 編輯中心

產業人物 Wa-People 主筆
王麗娟

處處用心　締造輝煌成就

三大科學園區產值在 2021 年同創新高，達新台幣 3 兆 7181 億元！竹科產值連續 12 年破兆，寫下新高紀錄 1 兆 5880 億元，中科及南科也首度突破兆元，中科產值 1 兆 352 億元、南科產值 1 兆 949 億元。總計三大科學園區產值年成長 23%，從業人員也增至 30 萬 2000 人。

如此亮麗的成績，除了靠企業努力，同時也要感謝整個支援系統的辛勞，包括公務及醫療體系敏捷效率、守護健康衛生，以及維持水、電、氣、環保永續等基礎設施正常運作的幕後英雄。

感謝「潘文淵」先生及「李國鼎」先生，支持當年的行政院長「孫運璿」先生，一位是倡議臺灣發展半導體產業的顧問、一位是以畢生精力提升產業環境的政府官員，他們用心把臺灣半導體產業從零開始帶上軌道，到如今突破四兆元，吸引全球關注！

如今，隨著 5G 應用越來越廣泛，國際專利戰火煙硝四起。經濟部責成工研院出面組織產業界的力量，成立了「5G 智慧財產權特別任務小組」，感謝十多位頂尖的智財專家挺身而出，做臺灣企業的靠山！

針對產業人才不足的問題，我們喜見行政院展現創新，經立法院三讀通過後，於 2021 年 5 月公布「國家重點領域產學合作及人才培育創新條例」，隨後緊鑼密鼓地，成大、陽明交大、臺大及清大都成立了半導體學院。

我認為，媒體工作有兩大責任。一方面是對受訪者，一方面是對讀者受眾，關鍵在於，內容是否有價值。

三大科學園區2021產值突破3.7兆

單位：新台幣億元

- 2012 20,041
- 2013 21,875
- 2014 23,248
- 2015 23,085
- 2016 23,764
- 2017 24,615
- 2018 25,960
- 2019 26,321
- 2020 30,276
- 2021 37,181

年

資料來源：科技部　　　　　　　　整理製表：產業人物 Wa-People

去年《產業人物》雜誌以竹科四十週年作為主題，讓我們
看見了竹科黃沙煙漫的最初，以及成長的軌跡。7月，我
們出版第四本產業人物傳記《用心創新 - 站在世界舞台
上》，盧志遠、孫弘、沈國榮、余維斌、方國健等五位精
彩人物，聊到面對挑戰與困難時，如何處處用心，成了書
中最有價值的亮點！

2008 年，在 20 年的產業媒體工作後，我們專注於記錄精
彩的產業動態及人物故事，透過每天報導新聞、每年出版
雜誌，以及不定期出版傳記人物志，來實踐我們的使命！

哥倫布發現新大陸，是因為他選擇了別人沒有走過的路！
創新可能讓人緊張焦慮、無眠不安，但創新是臺灣唯一的
出路！我堅信，有價值的內容，透過分享交流，一定能有
助於觸動創新！

感謝 2022《產業人物》雜誌所有受訪者及贊助人，支持我
們完成今年高價值的內容！

史無前例
智財專家齊聚挺你

文：陳玉鳳　圖：古榮豐

5G時代來臨，國際專利戰的戰火愈趨激烈，臺灣廠商準備好了嗎？近20位向來低調、身經百戰的法務長與智財長挺身而出，在「5G產業創新發展聯盟」中出任「智慧財產權特別任務小組」（簡稱「5G智權SIG」）諮詢專家，並擔任創智權公司「IP Bank專利池」顧問，共同建構黃金三角，做臺灣產業的靠山。

5G產業創新發展聯盟

智慧財產權特別任務小組（5G 智權 SIG）

業界召集人

| 聯發科技股份有限公司 | 林美惠 | 副總經理 |

法人召集人

| 工業技術研究院 | 王鵬瑜 | 法務長兼技轉法律中心執行長 |

諮詢專家

台灣積體電路製造股份有限公司	陳碧莉	副法務長暨首席智權律師
光寶科技股份有限公司	邱素梅	法務長
宏碁集團	吳麗娟	全球法務長
宏達國際電子股份有限公司	盧佳德	副總經理暨法務長
財團法人亞太智慧財產權發展基金會	賴士煥	執行長
清華大學科技法律研究所	范建得	教授暨創所所長
創智智權管理顧問股份有限公司	劉彥顯	副總經理
華碩電腦股份有限公司	洪崇仁	法務長
經濟部智慧財產局	廖承威	副局長
裕隆集團	孫文玲	法務長
資策會科技法律研究所	王偉霖	所長
鴻海科技集團	林忠億	中央智權總處處長
工業技術研究院（特聘研究）	徐慧蘭	清大產學營運總中心前執行長
工業技術研究院（特聘研究）	蕭令怡	台積電前智權經理

（排序：依公司／機構名稱筆劃）

王鵬瑜
工研院／法務長兼技轉法律中心執行長
創智智權管理顧問公司／董事長

現任工研院副總暨法務長兼技術移轉與法
律中心執行長，致力智權價值與效益最大
化、驅動專利品質優化提升。
曾任鴻海／富士康集團協理、智權法務處
處長，派駐中國大陸及美國矽谷多年。
曾任眾耘法律事務所主持律師、美國加州
大學柏克萊分校訪問學者、臺灣 DVD 聯誼
會法律顧問、臺灣 TFT-LCD 產業協會法律
顧問、工研院「專利侵害鑑定」專案計畫
主持人、清華大學兼任教授級實務教師。

　　全球 5G 專利戰已經開打，臺灣廠商準備好
了嗎？回顧 3G、4G 時代，臺灣資通訊科技產業
被課徵龐大智權費。根據中央銀行統計，廠商
每年支付國外權利金超過新台幣千億元；迎來
5G 時代，為免重蹈覆轍，臺灣產業界必須團結
起來，透過合作提升戰力，進一步強化整體產
業在全球的關鍵地位。

5G 應用包山包海　專利戰火日熾

　　全球 5G 陸續開台，專利戰煙硝再起。5G
與 3G 及 4G 比較，具有大頻寬、低延遲和廣連
結三大特性，在速度、傳輸量和裝置覆蓋率上，
皆是 4G 時代的十倍到百倍，5G 關鍵科技應用
極廣，從 5G 基礎建設、物聯網、大數據、智慧
家庭、自動駕駛汽車、雲端運算，到智慧工廠，
幾乎無所不在。可以預期愈來愈多臺灣企業，
不分領域、無分行業，將會面臨 5G 專利戰的衝
擊。

　　根據國際研究機構 IHS market《5G 經濟報
告》預估，2035 年全球 5G 產業投入將會達到
4 兆美元，而由 5G 技術驅動的產業投資將超過
12 兆美元。

　　5G 商機誘人，想要分到一杯羹，除了持續
精進產品及技術外，專利的取得亦是重中之重，
畢竟 5G 市場競爭就是一場煙硝四起的專利戰，
相關案例俯拾皆是。

　　近期最知名的例子當屬愛立信（Ericsson）
與蘋果（Apple）的專利侵權訴訟。蘋果和愛立
信曾於 2015 年 12 月達成協議，解決兩家公司
之間的紛爭。當時的許可協議涵蓋 2G、3G 和
4G 技術，有效期至 2020 年底，但並不包括 5G
技術。近期雙方針對相關許可協議進行續約談
判，其中涉及 iPhone 使用 5G 標準必要專利，
但雙方談判破裂，訴訟重新開打。另一例為中
國手機品牌 OPPO 在中國與歐洲分別對諾基亞
（Nokia）發起數起專利侵權訴訟，其中涉案的
專利均為 5G 標準必要專利。

　　工研院法務長兼技轉法律中心執行長王鵬
瑜預警，如今國外的專利權人正靜觀 5G 技術如

工研院技術移轉與法律中心專業團隊，左起王麗婷資深經理、張展誌組長、賴世卿副執行長、彭彥婷副執行長、翁國曜組長

何被廣泛應用，不久即將展開向臺灣廠商收取權利金的行動。和過去不同的是，5G 應用將包山包海，預料被國外索取 5G 權利金的範圍與對象，將較過去 4G 時代更加廣泛。

擺脫過去挨打局面
拿出「內外兼備」策略

臺灣過去在 3G、4G 時代支付鉅額的專利權利金，面對 5G 時代，許多廠商已積極佈局 5G 標準必要專利（SEP；Standard Essential Patents）。

王鵬瑜對國內廠商提出「內外兼備」的策略，企業一方面自己練好基本功，務實投入專利佈局，是為內功；至於外功部分，則是透過合作力量，例如加入「IP Bank 專利池」，集結各家之力進行，形成專利防護網，匯聚眾力，打贏國際盃。

王鵬瑜認為臺灣企業以製造為主，不可能投入龐大資金申請大量 SEP，但卻可以拿出靈活策略，將 SEP 專利搭配類 SEP 專利，來增加授權談判的籌碼。他以蛋黃與蛋白作比喻，SEP 好比蛋黃區專利固然有價值，但很多時候，類 SEP 好比蛋白區專利，不受 SEP 授權的「公平、合理且無歧視」原則所限制，應用上可以更加靈活。

事實上，2020 年初開始，臺灣已有業者收到國外警告函，許多企業也更積極爭取參與國際標準的制定。究竟 5G 用戶需要哪些專利？其中牽涉層面龐雜，而不同領域的 5G 專利用戶也必須了解不同的 5G 授權方案，以及不同的專利費率等。在此情況下，許多臺灣科技業者希望政府能加強對 5G 智財權的支持，寄望產業結盟以爭取國際話語權的聲音也愈來愈大。

眾人協力　不再是孤軍奮戰

「工研院技術移轉與法律中心」是一支肩負產業智權輔導、智權佈局和加值，以及智權推廣等重任的專業服務團隊。工研院副總暨法務長王鵬瑜律師目前擔任該中心執行長。王鵬瑜曾在臺灣、中國大陸、美國矽谷等地擁有超

林美惠
聯發科技／副總經理
創智智權管理顧問公司／總經理

現任聯發科技集團辦公室副總經理、董事長特別助理。

臺灣大學法學博士、中華民國律師。曾任晨星半導體資深副總、法務長暨人資長（2019 年晨星併入聯發科）。進入半導體業前曾任職新竹理律及眾耘法律事務所，其後在半導體 IC 設計業界擁有近二十年企業法務資歷。曾任教於交通大學、清華大學科法所等教授基礎法學、智財法及技術授權相關課程，熟悉專利及營業秘密相關智財理論與實務、勞動關係及併購策略等，產業實務經驗豐富。

過二十年豐富的智財實戰經驗。在他的帶領下，工研院技轉與法律中心以堅強陣容，已累積許多協助廠商打贏專利官司的案例，甚至挽救廠商免於滅頂之災。

「在國外多年，我的感受特別深，國外的企業及工程師，賺錢比我們輕鬆愉快，差別不是我們的努力不夠、貢獻不高，而在於他們善用智慧財產權（IP）來收取較高的權利金，墊高很多競爭門檻。」王鵬瑜說，「臺灣廠商經過 3G、4G，一直到現在的 5G，付出很高的學費，大家都有同感，臺灣廠商必須合作、打群架，這樣的觀念存在很久了。」

如何搞清楚 5G 專利議題、運行作法，甚至是打贏一場相關訴訟，對於可能沒有法務人員編制的許多臺灣中小企業而言，難度非常高。甚至，許多公司並不重視專利事務，往往得來不易的獲利，可能在一次訴訟中就被侵蝕殆盡，而長期累積的競爭力也因此被大幅削弱。這些情形看在王鵬瑜眼裡，感到十分憂心。

「我們必須創建一個平台來促成業界的合作，並且讓更多企業在遇到專利挑戰及有所疑惑時，有地方可以諮詢，知道自己並不是孤軍奮戰！」王鵬瑜說。

「5G 智權 SIG」　做臺灣企業的靠山

在經濟部責成下，工研院出面組織產業界的力量。多方拜會下，得知臺灣區電機電子工業同業公會（電電公會）已成立「5G 產業創新發展聯盟」，正有意強化智財權推廣。在凝聚力挺臺灣廠商打國際盃的共識後，2021 年 8 月 9 日，「智慧財產權特別任務小組」（簡稱「5G 智權 SIG」）正式於 5G 聯盟旗下成立。

「5G 智權 SIG」的業界召集人由聯發科技副總經理林美惠擔任，法人機構召集人則由王鵬瑜擔任，旨在建構 5G 相關產業智慧財產權合作平台、整合國內產學研能量、積極超前佈局新世代通訊的智慧財產權、掌握 5G 通訊系統標準制定與相關技術專利發展趨勢，並超前展開國際技術合作與結盟。

2021 年中秋節，王鵬瑜因身體突感不適送

5G專利授權具高度複雜性

2020年2月，德國柏林工業大學與IPlytics邀請全球120位產業及專利專家參加5G專利研究報告之重要議題：

- 目前仍無5G專利池組織，與會專家認為有需要成立
- 5G標準具有更多可組合的模組與技術，應用於不同領域，如車聯網、工業物聯網、智慧醫療等，其授權將比4G更加複雜
- 5G授權談判可能會有不同模式，包含專利池、專利授權公司、防禦性專利聚集的專利授權公司、應用領域相關業者、聯盟等

以5G手機為例

- 每一支5G手機付給高通、易利信及諾基亞三家公司的專利權利金，約佔整機之 3.77 ~ 5.78%，約 15.08 ~ 21.48美元
- 尚未計入 Interdigital、Intel、Huawei、Samsung等公司權利金以及5G non-SEP專利授權金，因此，授權費將持續攀高

5G手機專利授權金

公司	公告價 5G專利授權費 / 每台	若以400美元手機計 需支付5G專利授權費
高通	單模5G：售價的2.275% 多模5G：售價的3.25% 最高收400美元	9.1美元 ~ 13美元
諾基亞	3歐元（3.48美元）	3.48美元
易利信	2.5美元~5美元 依設備整機費用而定	2.5美元~5美元
合計		15.08美元~21.48美元

來源：科技政策研究與資訊中心-科技產業資訊室（iknow）整理，2018/8

醫，沒想到病情一度危急，當時，縈繞在他腦海的念頭竟然是：「怎麼辦？臺灣業界的 5G 智財權 SIG 合作，還有好多事要做，不能因為我的病情而受影響。」

王鵬瑜第一時間就在病床上打電話給林美惠。「鵬瑜交代我，若他有個萬一，5G 智權 SIG 和 IP Bank 還是要持續運作，請各位專家好朋友繼續幫助廠商，我則是拜託他好好休息，」林美惠回想當時接到電話的驚訝，但是也能理解王鵬瑜的掛心，畢竟面對國際上強勢專利權人環伺的情勢，臺灣業界必須趕緊團結，以打群架的姿態迎戰，而透過 5G 智權 SIG 的成立，整合業界力量，正在開始發揮影響力，一切必須持續下去。

王鵬瑜對產業的殷殷關切與專注努力，有著強烈的感染力，深深影響、觸動了身邊的人。「我們在產業這麼多年，大家都有同感，臺灣廠商真的很辛苦、很努力，但我們在智慧財產

權方面，付出很高的權利金、很高的代價。」「非常感謝大家願意貢獻自己的時間和智慧，這是臺灣最寶貴的無形資產，也是臺灣產業之福。」王鵬瑜在 5G 智權 SIG 的專家會議上，說出自己的感動及謝意。

林美惠表示，臺灣中小企業大多沒有法務人員，遇到麻煩時，往往求助無門，「5G 智權 SIG 集合了臺灣打專利訴訟最厲害的專家，可以幫助我們的會員。」

在王鵬瑜和林美惠的號召下，十多位向來低調、身經百戰的大企業與法人機構法務長與智財長，熱血加入「5G 智權 SIG」擔任諮詢專家。來自台積、光寶、宏碁、宏達電、華碩、裕隆集團、聯發科、鴻海集團、工研院、亞太智慧財產權發展基金會、清大科法所、清大產學營運總中心、創智智權管理顧問公司、經濟部智慧財產局、資策會科技法律研究所的諮詢專家群，矢志做為臺灣企業的靠山。

陳碧莉
台積公司／副法務長暨首席智權律師

美國紐約州律師，現任台積公司副法務長暨首席智慧財產律師，掌管智慧財產權法務管理，領導建構全球半導體產業最龐大專利版圖之一，台積公司自 2020 年躍居全美第三大專利申請權人；曾獲 IEEE 全球專利實力評鑑半導體製造類組第一名；率團隊在國際智權戰場樹立多項勝訴代表案例，締造美國專利無效撤銷程序 100% 撤銷成功率，屢創授權談判創新解決方案，成功確保台積公司技術領先地位及全球營運自由。2016 年起連續六年經國際智權機構 IAM 評選為 "The World's 300 Leading IP Strategists"。

共負社會責任　產業智權升級

台積公司長期以來以專利與營業秘密雙軌保護研發創新與營運發展，建構全方位的「智權管理全體系」，積極佈局建構每一世代先進創新技術的全球智權戰略版圖。

提到參與「5G 智權 SIG」擔任諮詢專家的原因，台積公司副法務長暨首席智權律師陳碧莉表示，「台積公司秉持提升社會的願景，不僅專注核心本業，和全球產業創新者攜手釋放創新，並且重視企業社會永續責任的落實，從智權法務面向，也希望能為產業智權升級盡一份心力。」

台積公司持續強化「技術領先、卓越製造、客戶信任」三大競爭優勢，為捍衛產業領先地位及全球營運自由，智權團隊致力建構全球智權戰略版圖及智權活用保衛攻防作戰。截至 2021 年底，全球專利申請超過 71,000 件，獲准總數超過 50,000 件；2020 及 2021 年連續名列美國第三大專利申請人，台灣專利申請蟬聯六年居首；專利品質方面，台積公司在各國專利獲准率高達 99-100%，並曾獲 IEEE 全球專利實力評鑑半導體製造類組第一名。

陳碧莉期望透過參加「5G 智權 SIG」，與業界交流分享高科技產業智權管理、跨國智權爭訟處理及國際授權談判等專業經驗，促進產業技術及智權同步升級。

工研院特聘研究蕭令怡，曾任台積公司智權經理，加上專利事務所及工研院，專利佈局及專利訴訟處理等專業經驗超過三十年。她表示「5G 智權 SIG」的諮詢專家們都很樂於協助業界，自己任職台積公司 15 年期間，正是公司專利觀念轉型的階段，從原本衝高專利數量，轉為重視高品質專利，以進行更有力的防禦及攻擊，她非常樂於分享心得和經驗給國內產業。

鴻海科技集團中央智權總處處長林忠億表示，希望能與「5G 智權 SIG」其他成員交流相關經驗，同時也發揮鴻海在 5G 研發及產品的優勢，分享與各家國際客戶交手的經驗，讓臺灣的國家隊能對 5G 專利研發，有更好的提升效果，同時也保護臺灣產業長遠的發展。

林忠億
鴻海科技集團／中央智權總處處長

現任鴻海集團中央智權總處處長。

自國立交通大學資訊科學與工程研究所取得博士學位,研究領域是人工智慧機器學習與資料探勘。

曾任健行科技大學資訊工程系助理教授,後來投入產業界,於鴻海精密工業從事軟體研發工作,參與智慧工廠、AI 瑕疵檢測等專案。

接著從技術角度出發,進入智慧財產管理角色,曾負責鴻海半導體事業群智權法務工作。

彙整分析5G標準必要專利(SEP)
協助廠商談判合理授權區間

階段一、5G SEP情資收集

收集5G標準資訊及SEP宣告資訊,進行必要之資料清理

階段二、5G SEP情資分析與監控

掌握SEP專利動態,分析專利與標準關聯,協助廠商擬定智財策略

宣告之SEP　　標準文件　　專家意見

階段四、智慧型輔助平台

AI輔助資料分析,協助擬定談判策略

階段三、5G SEP授權談判分析

分析合理授權條件,提供廠商成本規劃或授權談判參考,並監控下世代通訊系統技術專利趨勢變化

A公司SEP %　　　　著名案例

孫文玲
裕隆集團／法務長

中國復旦大學法學院法學博士、美國紐約大學法學院法學碩士、國立臺灣大學法律系法學學士。曾任資策會科技法律研究所副所長、督導研究領域包括研發創新、數位經濟、個資保護、資訊安全、電子商務、智慧聯網、智慧健康等重大議題。曾任經濟部智慧財產局著作權審議及調解委員會委員、世新大學法律系講師、立法委員法案助理、曾負責研擬推動通過民法、刑法、公證法、所得稅法、專利法、智慧財產法院組織法等多項立法及修法工作。

林忠億轉述鴻海董事長劉揚偉對專利的看法是回到專利本質，強調技術分享及知識分享，讓科技達到更好的發展，並增進人類福祉。「劉揚偉董事長是技術背景，將專利視為知識的分享，他認為技術的開發是為了追求功能更佳、性能更高的產品，而不是為了掀起訴訟，卡住別人的進步。」在這樣的觀念引導下，如今鴻海對智財的態度較以往更開放，也歡迎各式各樣技術、IP 的合作，對於開放平台的建構樂觀其成。

在目前許多科技應用皆需跨領域合作的趨勢下，企業對於智權的觀點，大多從過去的防禦轉變為開放合作，「專利不只與『告人』和『被告』相關，應該有更高的價值，」裕隆集團法務長孫文玲以該集團與鴻海合資成立電動車公司為例說明，「在這個合資案中，裕隆完全是以技術資產作價方式入股，與鴻海共同投入電動車、自駕車的創新開發。不只是汽車領域，在其他許多應用方面，裕隆集團也將以開放的態度賦予專利更大價值，爭取更多的跨領域合作。」

對於孫文玲加入「5G 智權 SIG」，裕隆集團執行長嚴陳莉蓮抱持肯定與支持的態度，「執行長認為對於社會倡議，裕隆當然要積極參與，加上王鵬瑜執行長的熱情感召，因此雖然公司工作已充滿挑戰，我還是決定加入諮詢專家團。長期浸淫智財權領域，若說要對社會公益有更多貢獻，我認為參與 5G 智權 SIG 就是一個很好的機會。」

原本就是長期研究國際策略聯盟專家的孫文玲表示，「5G 智權 SIG」是政府和產業花很多心思建立的 5G 國家隊，希望能夠對國內產業在 5G 及未來應用發展，提供更多元的服務。她感性呼籲「在產業服務有很多不為人知、沒有人能幫助的辛酸與無助的時刻，希望大家能善用這個資源，這裡有很多在專利及技術應用經驗豐富的專家，能提供更多服務，一起攜手為臺灣加油。」

淬鍊痛苦經驗　化為智慧分享

對於專利訴訟之苦，宏達國際副總經理暨

盧佳德
宏達國際／副總經理暨法務長

現任宏達國際電子商務發展副總經理暨法務長，美國紐約州律師，主管 HTC 集團全球智慧財產權佈局、訴訟、投資及公司治理等事務，同時負責 HTC VIVE VR ／ AR ／ XR 與 HTC 旗下健康醫療公司 DeepQ 之人工智慧科技等商務發展。

曾任 2017 年 HTC 與 Google 完成 11 億美元重大交易案之主要負責人、推動 2018 年 Exodus 智慧型手機及區塊鏈科技推廣，2019 至 2020 年間完成與美國著名醫療公司 Penumbra 各式創新醫療 VR 之合作案。

法務長盧佳德深有所感，「當生意愈做愈大，訴訟就如排山倒海而來，產生的費用相當驚人，宏達電經歷許多大小戰役，很希望過去累積的經驗以及碰到的問題，能夠在未來透過 5G 智權 SIG 平台分享給臺灣的產業，這是非常有意義的一件事。」

宏達電過去以智慧型手機見長，近年持續擴大產品領域，積極發展 AR ／ VR 和 AI，並將相關技術引入醫療、教育、影視娛樂產業，「5G 通訊技術的進步，促成許多過去僅出現在電影中的場景得以實現，在追求創新的過程中，我們始終認為 IP 是用來鼓勵創新，然而總有人會惡意發起專利訴訟，阻礙技術進步；因此，我們很期待能透過此平台協助大家不受干擾地進行創新，加速推動科技的進步。」

對於專利佈局，外表斯文卻在談及國際專利訴訟時充滿霸氣的華碩電腦法務長洪崇仁建議新創公司不需砸大錢佈局許多專利，「基本上，為了保護公司產品的特殊設計，某些核心專利具有極高的策略性價值，因此必須砸大錢取得，然而根據經驗，其他用來防禦和攻擊的

專利，100~150 件中約僅有一個派得上用場，所以實在沒有必要花大錢買下全部的專利，」洪崇仁建議需要時可向「IP Bank 專利池」購買即可，如此就能省下龐大的費用，「我真心覺得 IP Bank 是做功德的事業，」洪崇仁強調。

身為華碩第一任至今的法務長，洪崇仁於 19 年前進入華碩的首個任務就是處理 LG 提出的專利訴訟，那也是華碩面臨的第一個智財權官司，「記得當時很苦呀！我隻身前往荷蘭面試當地的律師事務所，沒有經驗，手足無措。」

回想多年前的「菜鳥」苦情，身經百戰的洪崇仁非常能夠同理現在有些公司遇到類似情況時的痛苦，「由有經驗的公司伸出援手，的確能夠大為減輕焦慮和壓力，我非常樂意擔任 5G 智權 SIG 諮詢專家。」洪崇仁處理的訴訟案件已超過 400 件，經驗之豐富不在話下。他說，「在王鵬瑜執行長的召集下，我們在專利訴訟、談判有比較多實戰經驗的好朋友們聚在一起，國內企業如果有任何這方面的需求，我們都很願意把過去的經驗貢獻出來，與大家分享。」

吳麗娟
宏碁集團／全球法務長

現任宏碁公司全球法務總部全球法務長，領導宏碁全球法務團隊，負責公司營運及組織上的各種法律事務，協助提供董事會、董事長及經營團隊和各事業單位相關法律諮詢，建置公司法律風險控管架構及法律遵循相關規定，在法務、智慧財產權、各營運總部之相關法律業務、資訊產品相關法務、以及全球授權或訴訟等，具有相當完整與資深的經驗。吳麗娟律師畢業於臺灣大學法律系，並擁有中華民國律師執照。

全球5G專利佈局現況

案數排名	宣告公司	案	件
1	Huawei Technologies Co., Ltd.	5169	26840
2	Samsung Electronics Co., Ltd.	3512	20211
3	Qualcomm Incorporated	3492	32403
4	ZTE Corporation	3447	9864
5	Nokia Technologies Oy	2998	14181
6	Telefonaktiebolaget LM Ericsson	2455	14219
7	LG Electronics Inc	2454	15219
8	China Academy of Telecommunications Technology(CATT)	1651	4126
9	NTT Docomo Inc.	1533	8590
10	Sharp Corporation	1410	7286
11	Intel Corporation	1080	6085
12	Guangdong OPPO Mobile Telecommunications Corp., Ltd	910	6651
13	InterDigital Technology Corporation	714	9596
14	Alcatel-Lucent	630	2826
15	vivo Mobile Communication Co., Ltd.	602	1435

案數排名	宣告公司	案	件
16	Apple Inc.	551	2081
17	FG Innovation Company Limited 鴻海	338	1209
18	MediaTek Incorporated 聯發科	242	1298
19	Electronics and Telecommunications Research Institute	233	1040
20	Lenovo	219	685
21	ASUSTEK 華碩	210	706
22	Motorola	201	1055
23	NEC Corporation	184	2071
24	Shanghai Langbo Communication Technology Co., Ltd.L.T.D	171	378
25	Blackberry UK Limited	118	1178
26	KT Corporation	114	441
27	Fujitsu Limited	104	483
28	Panasonic Corporation	71	509
29	HTC Corporation 宏達電	71	285
30	Sony Corporation	63	754

資料來源：ETSI．統計期間：2016/1/1～2020/10/31

專利是產品關鍵零件　呼籲觀念轉型

　　征戰智財權沙場多年的宏碁集團全球法務長吳麗娟，也慨然加入「5G 智權 SIG」諮詢專家團，提供她的智慧及寶貴經驗。她認為 IP 問題，尤其是專利，是每個公司都要面對的議題。尤其是通訊技術專利佈局已不僅是科技公司需

洪崇仁
華碩電腦／法務長

經歷：
華碩電腦法務長（2002.07 迄今）
國際通商法律事務所律師
務實法律事務所律師

學歷：
東吳大學學士後法律研究所碩士
外貿協會貿易人才養成班英語組
輔仁大學電子工程學系

全球專利佈局&台灣廠商關切議題

全球共200,898件5G標準宣告專利	台灣廠商迫切需要知道
● 主要廠商 　中國（華為、中興通訊） 　韓國（LG） 　美國（Intel、高通） 　歐洲（瑞典：愛立信／荷蘭：諾基亞） 　日本（NTT Docomo） ● 依Via Licensing 估計，在向ETSI標準提出160,000件SEPs聲明中，只有1.25%，約2,000件是真正的標準必要專利 ● 標準組織不會去認證該聲明專利與標準，是否真的存在關係，常需經法院攻防程序，才可能證實	● 5G專利戰上 　•將面對的專利權人 　•權利金收取方式 　•權利金佔比 ● 更期待有人協助 　•將面對的專利權人 　•權利金收取方式 　•權利金佔比

資料來源：工研院技轉法律中心

重視的事，鑑於許多應用皆需仰賴通訊技術的串聯，因此非科技公司也必須關注這方面的智財議題，及早訂定因應策略。

「若沒有早做準備，當問題發生時，一時之間的工作量將造成法務人員極大的負擔，所以建議公司法務人員應該儘快盤點公司內部技

邱素梅
光寶科技／法務長

經歷：
建興電子科技法務長
清華大學科法所授課教師
第 36 屆國家傑出經理獎

學歷：
臺灣大學 EMBA
復旦大學 EMBA
東吳大學法律系所

術能量、資源，儘可能做好專利佈局準備，」吳麗娟說。宏碁會針對專利做重點管理，分別盤點年度、長期發展需要哪些專利，接著以這些重點專利做為基礎，逐漸發展成不同的專利組合，最後形成專利牆。

具有豐富處理國際爭議經驗，並擅於汲取國外大廠長處的吳麗娟呼籲臺灣企業提早準備專利佈局策略，好應付未來要處理的法律爭議。她並且提醒公司經營者及法務人員不僅從單純法律層面來考慮智財議題，更應該「從公司商業角度出發，將專利視為產品的隱形零件之一。」跳脫傳統法務框架、慣以企業主高度思考的這位跨國集團全球法務長表示，「5G 智權SIG 這個單位提供非常多的協助，不限於智慧財產權和法務，很歡迎大家來利用。」

「光寶是臺灣第一個上市的電子公司，40幾年來跟大部分臺灣高科技公司一樣，在智慧財產權的發展路上一路跌跌撞撞，」光寶科技法務長邱素梅表示，其實光寶也繳了很多學費，「但很慶幸的是，在每一個重要事件發生時，我們都能夠用最精簡的人力及成本，幫公司爭取最大化的效益。」

邱素梅處理智慧財產權超過 20 年，經驗豐富的她也處理過知名的光碟機標準專利訴訟及授權案件，透過談判、建立策略聯盟，終於有效地解決專利問題。

她坦言，有些事業部不曾吃過 IP 的苦頭，也未曾嚐過甜頭，所以常常覺得專利佈局事不關己。為了改變這樣的觀念，邱素梅開始在光寶集團內部推動轉型，將專利管理及 IP 預算皆由總部統籌，並將專利提案數量列為研發的關鍵績效指標（KPI）等，「這樣的做法，是為了避免事業部不願將預算花在創造與提升專利價值上，打亂了集團整體的專利策略佈局。」另外，光寶也開始外購專利、進行專利契作等，全面創造最有利的局面。

從基層做起，不斷累進戰功而成為集團法務長的邱素梅謙虛表示自己是抱著學習的態度加入「5G 智權 SIG」，擔任諮詢專家則是回饋社會，她表示，「SIG 裡高手如雲，大家分享經驗、彼此交流，甚至分工合作，將可大幅縮短學習曲線，讓臺灣在 5G 產業，以國家隊及更有

廖承威
經濟部智慧財產局／副局長

經歷：
經濟部智慧財產局專利助理審查官、審查官、高級審查官
經濟部智慧財產局科長、副組長、組長
財團法人專利檢索中心常務董事
國家發明創作獎評選審議會主任評選委員

學歷：中原大學醫學工程博士
公共行政短期進修：行政院 97 年精英領導班（美國哈佛大學）、104 年高階領導研究班（德國康士坦斯大學）

效率的方式，達到最大效益。」

智權攸關臺灣競爭力
法人機構共襄盛舉

「5G 智權 SIG」的諮詢專家小組除了來自知名企業的法務長及智權長，加上來自政府與法人機構的支持，更能為臺灣 5G 智財權的發展，提供全面性的協助。

「臺灣中小企業的技術含金量很高，然而智財權保護的觀念略顯薄弱，一旦涉入侵權官司，往往就得付出嚴重代價，」經濟部智慧財產局副局長廖承威身為諮詢專家的一員，非常肯定「5G 智權 SIG」的成立，他強調，諮詢專家小組集結國內具實戰經驗的專家，對於身陷智權麻煩的企業可以提供建議和協助。

「組成這樣一個國家隊，對臺灣廠商來講，進可攻退可守，」廖承威表示，進可攻的部分，透過「5G 智權 SIG」聚集標準必要專利（SEP），期望可以向國外收取權利金；退可守的部分，假設國內廠商面臨國外專利訴訟時，可以透過整個團隊專家的諮詢跟建議，少付一點權利金，這都是國人之福。」

事實上，近幾年來，智慧財產局審查人員常走出辦公室，直接深入中小企業，進行相關智財權的教育訓練及診斷服務，協助中小企業了解如何透過智財權保護觀念的建立，避免涉入侵權官司而付出嚴重代價，「經過幾年來的實證，我們發現一些中小企業的確因為導入智財權保護觀念，而得以成功轉型並脫胎換骨。」廠商口中相當接地氣卻毫無官架子的廖承威說。

資策會對於臺灣智財權的推展不遺餘力，如今擁有資通訊、5G 及人工智慧方面的重要專利達 1,600 餘件。擁有美國與臺灣律師執照，並曾於兩地執業的資策會科技法律研究所所長王偉霖表示，「對於法人機構而言，專利若未積極運用，不但稱不上是資產，更可能是負擔，從此角度思考，在資策會執行長卓政宏的支持下，資策會非常樂於將專利放入「IP Bank 專利池」中，供企業多方利用，這是活化資策會專利的有效途徑。」

賴士煥
財團法人亞太智慧財產權發展基金會／執行長

經歷：
工研院技術研究經理、研究員
工業總會、電電公會智慧財產權委員
資策會「推廣導入智慧財產管理系統計畫」
專案顧問
智慧財產管理系統（TIPS）- 種子人才、
評鑑組長
全國專利權聯合讓售執行主辦

學歷：
美國密蘇里州立大學工業工程管理碩士

他表示，對於想獲得技術的企業而言，「5G智權SIG」有如專業的智囊中心，而當必須對美國的專利威脅提出反訴時，也可在此找得相應的彈藥庫。

智財權攸關企業營運的成功，臺灣陸續有相關組織投入智財權的推廣，1994年成立的「財團法人亞太智慧財產權發展基金會（APIPA）」是其中重要力量，以專利系統服務眾多企業，也是國內少數以專業服務屢創業務佳績的基金會執行長賴士煥擔任「5G智權SIG」諮詢專家，熟悉產業生態的他指出，「5G結合了AI、VR、AR、大數據，提供了更多創新應用方式，帶動5G供應鏈商機、企業數位轉型效益與社會經濟成長，因此，5G相關專利取得與佈局愈來愈重要，APIPA也希望能與SIG的成員共同努力，提升臺灣企業的競爭力。」

創智智權公司　打造國家專利池

5G時代來臨，臺灣是否能取得優勢地位？長久累積的半導體及資通訊技術實力，對於臺灣的5G競爭力是莫大加持，然而這樣還不夠，誠如王鵬瑜所言，「想要贏得5G市場，必須打贏專利戰。」

5G專利戰場煙硝四起，該如何打贏？過去，關於專利的取得，許多企業大多憑藉一己之力，然而在5G時代，單打獨鬥行不通了，因為5G應用具有跨領域特性，一項產品動用的技術可能涵蓋通訊、電腦運算、物聯網、汽車及智慧醫療等，所需專利包山包海，僅憑自家公司研發或是藉由併購取得大量專利，難度和成本都太高，而且速度太慢，因應之道是建立「IP Bank專利池」。

專利池是指「兩個或兩個以上專利所有人之間的協定，用以相互間或向第三方授權他們的一個或多個專利」。一般來說，若想加入專利池，企業需以自己的核心專利取得入池許可，成員間共享池內的專利，並且通常也向專利池之外的企業提供標準的許可條款。專利池，可以解決授權的僵固性，透過合作成員的共識與承諾，簡化授權人和被授權人的交易過程與成本。

王偉霖
資策會科技法律研究所／所長

現任資策會科技法律研究所所長，到任科法所之前，為銘傳大學法律學院財金法律學系專任教授兼系主任，專長領域為智慧財產權法、科技法律與科技政策、生物科技法律與倫理、國際技術移轉、國際貿易與國際直接投資、公司法及企業併購等。政治大學法律學士、美國賓夕法尼亞大學法學碩士、美國聖路易華盛頓大學法學博士。具美國紐約州律師、中華民國律師、中華民國專利師，與中華民國仲裁協會仲裁人等資格。

5G智權SIG服務內容
IP Bank 營運範圍：包括IP交易、IP加值與流通、IP投融資、IP服務

IP加值與流通
- 連結國內產學研IP合作
- 促成專利組合及運用

IP交易
- 組合產學研大專利池
- 全球IP授權買賣交易

IP服務
- 產學研IP系統建置
- IP策略擬定與培訓

IP投融資
- 以IP評價鏈結資本市場，投資新創事業
- 開放專利予具潛力之新創團隊（專利作價）

進入 5G 時代，臺灣廠商面臨的國際大廠專利訴訟威脅，看來將較以往更為凶險，臺灣需創建一個足以抵抗專利強權的 5G 專利池，「創智智權管理顧問公司」（Intellectual Property Innovation Corp., 簡稱 IPIC）擔下了這個重任。

創智智權公司原為工研院衍生的新創事業，2021 年 12 月改組並擴大規模，除了工研院創新公司外，聯發科與華邦也參與投資，成為重要成員。創智智權公司以營運 IP Bank 專利池為主要業務，蒐羅國內頂尖企業的全球熱門技術

蕭令怡
工研院特聘研究／台積公司前智權經理

現任工研院特聘研究。
累積近三十年智慧財產權的申請與布局規畫、管理與運用策略的相關經驗。
自 2015 年，加入工研院技轉法律中心擔任顧問。
曾服務於台積電智權部門十五年，負責智慧財產權管理與運用相關業務並擔任主管，更參與專利爭議糾紛與授權案件。
加入台積電前，曾任職於工研院、聖島聖島國際專利商標聯合事務所、長江國際專利事務所。

專利，匯聚成為國家大專利池（Patent Pool），以接軌國際之智權流通模式，提供 IP 交易、IP 加值與流通，以及 IP 融投資等服務。

「黃金三角」　幫臺灣廠商打群架

王鵬瑜擔任創智智權公司董事長，林美惠出任總經理。王鵬瑜表示，「臺灣廠商進軍 5G 國際市場，需要有強大的專利後盾，需要法人與產業攜手合作，創智智權公司提供了一個 5G IP 的合作平台。」他強調，這個團隊的成立對臺灣廠商來說，有一個很重要的意義，就是有系統地以「黃金三角」來幫助臺灣廠商。

首先，創智智權公司成立一個「IP Bank 專利池」當作反擊武器，當國際的專利權人來收權利金的時候，就靠這個 IP Bank 專利池來增加談判的籌碼，這就是黃金三角中的第一角。

第二角，利用「5G 專利 AI 分析系統」，大幅節省成本，並快速、有效地過濾出，專利權人所主張的專利，到底含金量有多少？一掃過去分析國外的專利權人厚厚一大疊的專利清

單時，常常必須耗費極高成本，不知如何應對，甚至還必須面對專利蟑螂（Patent Troll）騷擾的窘境。

第三角就是「5G 智權 SIG」諮詢專家群，「這裡有臺灣最頂尖的法務長跟智權長團隊，大家貢獻自己多年的豐富經驗，可說是臺灣珍貴的公共財。」王鵬瑜指出，這群頂尖的智權與法律專家，不但有助廠商之間彼此交流，互相援助，更重要的是，大家願意貢獻自己的力量和經驗，幫助臺灣更多廠商，不要再去付沒有必要的保護費，以及不合理的權利金。

王鵬瑜強調，創智智權公司希望藉由「5G 智權 SIG」諮詢專家群的專業與軟實力，加上「IP Bank 專利池」的硬實力，以及「5G 專利 AI 分析系統」合組成黃金三角，力挺臺灣廠商打贏 5G 智權戰，為臺灣隊加油！

對於決定投入創智智權公司，齊力推動黃金三角的過程，林美惠表示，聯發科在 5G 專利布局上於臺灣本來就名列前茅，當初會做此決定主要考量兩方面，「首先是老闆是否支持？

徐慧蘭
工研院特聘研究／清大產學營運總中心前執行長

現任工研院特聘研究，具豐富產、學、研界創新及創業實務經驗近四十年。

曾任工研院長官創立華邦電子時的首批員工，工號二號，負責華邦第一個產品及之後的 IC 產品開發與系統設計。

在 IC 產業埋首十五年後，跨足到網路資訊界，曾任優網通公司總經理，提供中小企業的產業資訊化服務。

經歷不同產業的歷練後，曾任清華大學產學營運合作總中心執行長，以過往於半導體及資通產業發展經驗，協助產學間的營運與合作。

其次是合作夥伴是否能讓我信任？其中只要有一個答案是否定的，我就不會參與這件事，」根據她與王鵬瑜相識二十多年，對於他的專業、認真、務實及值得信賴，林美惠毫不懷疑。

而能夠得到蔡明介董事長的支持，更讓林美惠可以放心一搏。在兩大條件皆獲得滿足的前提下，工研院與聯發科的合作順利展開，聯發科除了出錢注資入股創智以外，也投入大量的優質專利入「專利池」，盼能拋磚引玉，吸引更多的專利貢獻方（Contributors）投入 IP Bank。同時也順利邀請了更多夥伴加入，於是，屬於臺灣的 IP Bank 專利池成立了！

談到企業針對智財權展開合作的重要性，林美惠進一步強調：「5G 涉及領域眾多，國外企業早已意識到不宜再單兵作戰，因此專利平台的概念逐漸在國際興起，企業以聯盟成員的形式合作，提供自己部分的專利加上授權後，也可以使用別人的專利，這將發展為專利研發及策略布局的主要模式。」

擁有豐富產官學經驗的清華大學產學營運總中心前執行長徐慧蘭表示，她加入「5G 智權 SIG」擔任諮詢專家，是感佩王鵬瑜、林美惠願意為臺灣智財權的發展挺身而出。她表示，「過去很多人講產學研要合作，但一直缺少一個常駐組織。我覺得這一次能夠集合起來，不管大企業或小企業，如果有問題，都可以到這個組織來問問題，或尋求幫助，這跟以前非常不一樣，我覺得會為臺灣產業帶來非常大的效益。」

「5G 智權 SIG」諮詢專家
擔任 IP Bank 顧問

王鵬瑜與林美惠力促 IP Bank 專利池與 5G 聯盟連結，「如此可以進一步強化臺灣產業的國際談判地位，以及整合國內產學研的研發成果，成為臺灣廠商的專利保護傘。」此外，創智智權公司董監事會也通過邀請「5G 智權 SIG」的諮詢專家擔任 IP Bank 的顧問，「這些來自業界、學界的智財專家是臺灣寶貴的公共財，他們的經驗和智慧是臺灣面臨國際專利戰的最強

劉彥顯
創智智權管理顧問公司／副總經理

紐約州律師、美國專利商標局代理人。
2014 年加入聯發科擔任智慧財產權部門總
監，現專注專利運營，並發揮聯發科的技
術領導地位。現任創智智權管理顧問公司
副總經理，及臺灣半導體協會智財權工作
小組副召集人。曾服務於台積公司法務部
門超過十年，處理智慧財產權糾紛及專利
和技術授權談判。加入台積之前，任職于
紐約 Fish&Neave 法律事務所，專門處理智
慧財產權的訴訟與交易。學歷：喬治華盛
頓大學法學院法學博士（Juris Doctor），
哥倫比亞大學學士。

後盾，」王鵬瑜再次強調。

「不可諱言，臺灣廠商經過數十年國際智財訴訟，逐步累積智財實力，但面對國際大廠，許多臺灣廠商多半仍是小蝦米對大鯨魚，因此建議善用專利池、專利授權公司，以及結合相關業者等模式，截長補短，降低營運成本，才能避免被各個擊破，」王鵬瑜認為臺灣業界應擴大 5G 重要應用領域的蛋白區專利，如我國智慧財產局特別建議佈局的「小型基地台」，以及製造供應鏈相關專利，搭配 SEP 蛋黃區專利組合，將可增加對外協商授權的優勢。

聯發科智慧財產權處長劉彥顯出任創智智權公司副總經理，他表示，IP Bank 專利池希望廣邀企業、學校、法人機構將專利一起加入，讓有需求的企業能夠進來挑選、購買，做為防禦及適當使用。透過這個平台，一方面可讓整體專利活化運用，同時也能保護產業發展，並賦予推動創新的力量。

目前創智智權公司的專利池已多方匯集來自工研院、業界及學界的優質專利，正持續推動更多企業將專利放入國家大專利池中，進行專利組合。劉彥顯身為「5G 智權 SIG」諮詢專家，他呼籲「希望大家踴躍將適合的專利放入專利池中，讓有需要的業者可以快速買到所需專利，除了自己能賺錢外，更能降低企業進入新領域的門檻，不用花上數年時間申請專利。此外，當需要面臨速專利訴訟時，企業也能從專利池中快速找到稱手的武器，增加打贏官司的勝算。」

專利入池好處多　實現優質專利組合

企業專利入池的好處，其一，專利獲選入池成為專利貢獻者，即為 IP Bank 專利池 的合作夥伴；未來可優先獲得專利池相關資訊與服務支援；其二，為了控管入池專利的品質，IP Bank 入池審核嚴謹，由國內頂尖專家群設計審核規範，入池即貼上優質專利標章，彰顯研發與專利實力；其三，IP Bank 負責對外行銷、推廣與銷售，向會員展示並推薦與其業務技術相

范建得
清華大學科技法律研究所教授

范建得教授現為清華大學科技法律研究所教授、清華大學醫學科學系合聘教授，同時兼任清華大學研發處研究倫理辦公室主任，並主持清華大學生物倫理與法律中心主任、清華大學區塊鏈法律與政策研究中心。

學術專長為法律，東吳大學法律學系畢業後，前往美國深造，先後取得華盛頓大學法學碩士與普捷桑大學法律博士。

在學術領域的表現，近幾年主要研究領域涉及公平交易法、科技法、環境法、能源法、生物科技法、學術倫理／研究倫理等。

關的入池專利，促成交易提升。

創智智權公司的營運目標十分明確，就是做為臺灣產、學、研的專利大水庫與創新引擎，以及所有臺灣廠商的 IP 衛星事業，協助技轉、投資新創、智財營運平台與防火牆，降低倚賴國外大廠授權。

業界肯定及支持　專利大業成就在望

無論是籌組「5G 智權 SIG」或是創智智權公司的 IP Bank 專利池，皆是為了結合大家的力量一起往前走，而整合的綜效發揮，更能強化 IP 國家隊的建構及實力。林美惠、王鵬瑜和創智經營團隊持續拜訪許多業界及學界領導者，皆獲得相當正面的回應，不只願意貢獻自己的經驗和智慧，更承諾將自家公司或學校開發的專利放入專利池中，共同成就大業。

王鵬瑜與「5G 智權 SIG」諮詢專家群分享了旺宏電子總經理盧志遠博士的期勉，「國際上專利蟑螂橫行，臺灣業者耗費不少心力應對，

因為一場官司訴訟賠掉公司獲利的例子並不少，企業經營者必須慎重以對，孤軍奮戰真的很辛苦，如果可以一起打群架，分享彼此對抗專利蟑螂的經驗與資源，大家就能省下不少成本。」

許多企業主不但承諾將大力支持「5G 智權 SIG」及 IP Bank 的成立，並且要求法務與智權主管與創智的專家們多多交流，「IP Bank 和 5G 智權 SIG 的成立，對臺灣廠商來說是莫大的安慰，因為我們知道以後再遇到專利蟑螂和國際競爭者，我們的背後會有人支援，不再是孤單戰鬥，」王鵬瑜引用一位知名企業大老感性且深切的期待。

從「5G 智權 SIG」到創智智權公司黃金三角的建構，可以看到臺灣一流智權與法律專業人士奉獻產業的熱情。期待在有志一同的努力下，企業能夠掌握「內外兼備」的策略，在專家、專利池及專利 AI 分析系統的裝備下，於 5G 專利戰中取得優勢，創造共好，締造產業永續成長的動能。

Wa-People

為臺灣寫下第一份發展 IC 技術計畫書的潘文淵
（工業技術研究院／提供）

從零到四兆元　莫忘潘文淵

2021 年臺灣半導體產業創新高紀錄，總產值突破新台幣 4 兆元，年成長超過三成。回顧當年，擔任經濟部顧問並協助臺灣引進美國 RCA 半導體技術的潘文淵，是大家最懷念並感謝的人物。

潘文淵（1912~1995）生於江蘇蘇州，自上海交大畢業後，以公費到美國史丹福大學深造。獲得博士學位後，先是任職於美國麻省劍橋的電波放射實驗室，1945~1974 年任職於 RCA 的普林斯頓實驗室，期間獲得 30 項美國專利及 200 項國際專利，發表科技論文 100 篇。

1973 年 7 月，工業技術研究院（工研院）成立。同年十月，行政院秘書長暨中國工程師學會理事長費驊邀集方賢齊與潘文淵，共同討論國家科技發展方向，並決定朝電子業發展。

1974 年，潘文淵受電信總局之邀，回國考察台灣的電子工業。2 月 7 日，潘文淵與經濟部長孫運璿、交通部長高玉樹、行政院秘書長費驊、電信總局局長方賢齊、工研院院長王兆振、交通部電信研究所所長康寶煌，一起在位於台北市南陽街 40 號的小欣欣豆漿店開會，就在這一天，潘文淵提出了開發積體電路（IC）技術的建議。隨後，潘文淵在 7 月 26 日完成「積體電路計畫草案」上呈給經濟部長孫運璿，並於 8

潘文淵文教基金會 25 週年

臺灣半導體從零到四兆元 莫忘潘文淵

文：王麗娟　圖：工研院、蔡鴻謀

臺灣半導體產業從零開始，從 1976 年開始，以 45 年時間打造出驚艷全球的成績。潘文淵一生沒有領過臺灣的薪水，卻以滿腔愛國的熱忱，為臺灣寫下第一份發展 IC 技術的計畫書，並盡心盡力地協助臺灣引進技術，成就如今臺灣半導體產業的世界地位。

月 21 日獲聘為經濟部顧問。

　　1975 年 2 月，潘文淵向美國十四家半導體製造商送出合作邀請書，獲得七家回覆並提出完整企畫書。11 月，他說服其中的 RCA 公司以較低的 350 萬美元，將 CMOS 技術移轉給工研院。計畫中還包括代訓 330 人次的電路設計、光罩製作、晶圓製作、封裝、測試、應用與生產管理人才。

　　1976 年 3 月與 RCA 簽約後，4 月 22 日經濟部長孫運璿召見受訓人員，一一握手並囑咐「只許成功、不許失敗」，隨即出國受訓人員於 5 月赴美。一年後，1977 年 5 月，受訓團隊完成三百人日訓練返國，示範工廠於 10 月 29 日落成，第一片晶圓於 12 月 16 日製成。

1984 年，潘文淵（右二）率 TAC 成員返國參加 ERSO 成立 10 週年慶祝會，與孫運璿資政合影。（工業技術研究院／提供）

　　1980 年，潘文淵協助聯電（UMC）建廠並從工研院電子所（ERSO）衍生成立。1984 年 2 月，總統府資政孫運璿不幸中風，潘文淵率「電子技術諮詢委員會」（Technical Advisory Committee，簡稱 TAC）成員回國參加電子所成立 10 週年慶祝會，特別探視孫運璿。

1990 年，潘文淵伉儷與工研院副院長史欽泰合影（工業技術研究院／提供）

1997 年，孫運璿資政蒞臨潘文淵文物紀念館，感傷淚下（工業技術研究院／提供）

1985 年，張忠謀接任工研院院長，潘文淵繼續領導顧問團協助開發研究工作。1987 年完成超大型積體電路案，並衍生台積公司（TSMC）。1987 年開始進行的次微米計劃，也在 1994 年衍生成立世界先進公司（VIS）。

1995 年 1 月 3 日潘文淵在美國病逝，享年八十三歲。那時臺灣半導體產業已經開始蓬勃發展，為了感念這位恩人，當年赴美國 RCA 受訓的 IC 產業名人及半導體企業家，思考著如何延續並紀念潘文淵開創新興產業及提攜後進的精神。

1996 年，由台積電、聯電、華邦各捐款一千萬元，胡定華、楊丁元、章青駒及曾繁城 4 個人合捐三百萬元，共同推動成立了「潘文淵文教基金會」，由史欽泰擔任董事長。工研院為了紀念這位臺灣「積體電路之父」，也特別於院內成立「潘文淵文物紀念館」。

最難忘的三件事

潘文淵文教基金會董事長史欽泰回憶說，1975 年他們在美國看到報紙新聞，得知臺灣準備發展半導體產業，感到相當興奮，於是就和楊丁元聯名寫信回國。結果，交通部電信研究所回信說，可以先就近和臺灣的產業顧問潘文淵談一談。

當時，史欽泰還不到 30 歲，幾個年輕人就這樣在美國認識了潘文淵，從此受到很多照顧與啟發。臺灣從 1976 年引進 RCA 技術、在工研院進一步研發，同時培育人才，接著衍生聯電、台積電、世界先進等公司，史欽泰回想自己與潘文淵認識與互動的往事，表示最難忘的有三件事。

其一是重視家庭，讓太太了解自己努力的目標；其二是公私分明，絕不談論或外洩公司機密；其三是不拿酬勞，純粹做志工奉獻。

史欽泰說，初識潘文淵時，他仍在 RCA 任職。潘先生有一個原則，就是跟大家開會絕對是用自己下班後或週末時間。所以經常在他家開會，也因此潘太太都會在。潘文淵重視家庭，同時也讓太太了解自己努力的目標，這樣的風範潛移默化影響了大家。因此，後來邀請更多顧問一起開會時，大家也都帶著太太同行，如今也成為潘文淵文教基金會的傳統。

「太太都非常認同先生的工作，否則顧問不可能成為那麼久的顧問」，史欽泰強調，顧

問們不是在學校就是在企業任職，他們希望貢獻自己的時間與知識，為臺灣開創新產業，同時也特別注重品德與紀律，過程中絕對無涉公司機密。

其三，是不拿酬勞。史欽泰說，潘文淵擔任顧問不拿酬勞，完全沒有利益衝突的問題。潘文淵每次開會都堅守紀律，絕不談論公司事務，後來臺灣從候選名單中選中 RCA，開始談技術引進的條件時，他甚至毅然辭去 RCA 的工作，在高中任教的潘夫人也因此一併辭職，支持並陪著潘文淵頻繁往返臺灣美國。

潘文淵文教基金會董事長史欽泰在基金會 25 週年之際，分享最難忘潘文淵的三件事。（攝影／蔡鴻謀）

潘夫人支持　把國家擺第一

為了協助台灣發展積體電路技術，潘文淵向 RCA 提出辭呈，提早退休，同時對臺灣提出「不作官、不受薪、 只收回旅費及住宿費用、每年回台三次，每次停留兩個月」等三大原則。

一般人難以想像，潘文淵對臺灣半導體產業的付出與奉獻的情懷，並不僅止於夫妻二人放棄了優渥的退休金而已。潘夫人 1978 年寫的一篇短文，讓大家深受觸動！

潘夫人在文章中說，「多年來，文淵經常與我討論『如何幫助他所愛的祖國』，在他尚未老到無法做任何事之前，顯然這是他最大的心願。在 1975 年早期，工業技術研究院的積體電路計畫正在進行，文淵花了許多心力協助。這多少影響到我們家庭，於是我們做了一次家庭討論。文淵希望立即放棄自己在 RCA 的管理職位、提早退休，其次是我必須配合文淵經常得飛回臺灣，放棄在紐澤西州永久任教之資格。那時侯，我已教了十八年的書，工作的安全感與高薪讓我難以割捨，再加上財務上驟然的龐大損失，讓我難以同意他的一腔熱血。後來，我們做了更多的討論，我終於同意國家第一，個人幸福第二。」

「我是女性，而女性應與男性擔負同樣的責任。積體電路計畫對臺灣工業的發展具有重大影響，它可以讓臺灣電子工業由勞力密集轉向技術密集。對我們潘家而言，這是一個能為祖國經濟繁榮貢獻心力的機會。了解文淵如我，相信他一定能夠披荊斬棘讓計畫成功，因為他過去營運的計畫從未失敗過。而且，他是多麼需要家人的體貼與支持。所以，我終於投降了。儘管有如此的犧牲，但我還是很高興得知工業技術研究院已有成功的數位產品問世。像吉普賽人般的兩地奔波，令我痛苦，但如今回想一切都是值得的。」

在潘夫人的全力支持下，潘文淵為臺灣釐訂策略，充分運用他在美國工業界的人脈與關係，並發揮領導科技研究的經驗與長才，在臺灣與美國兩地奔走，先後領導達百餘人的「電

2011 年 3 月 21 日，工研院前院長暨聯電第一任董事長方賢齊 100 歲生日，眾人齊往美國紐約賀壽，潘文淵夫人（沈文燦）當時 96 歲，也親臨道賀。前排左起潘文淵夫人、方賢齊夫人、方賢齊、方賢齊女兒方怡紅；後排左起方賢齊女婿謝文寧、羅達賢夫人、羅達賢執行長、曹興誠董事長、史欽泰夫人、史欽泰董事長、虞華年顧問（接替潘文淵擔任美國 TAC 顧問團召集人）、鄭國賓顧問。（羅達賢／提供）

1988 年 6 月 15 日，潘文淵先生親自頒發獎牌肯定羅達賢的貢獻，由當時工研院電子所所長史欽泰陪同（羅達賢／提供）

子技術諮詢委員會」（TAC）團隊，傾全力讓 IC 技術在臺灣生根。

　　率領 TAC 期間，潘文淵前後輔助王兆振、方賢齊、張忠謀、林垂宙、史欽泰等五位工業技術研究院院長，以及康寶煌、胡定華、史欽泰、章青駒、鄭瑞雨等電子所、電通所所長。如今，臺灣半導體產業能站上世界舞台，受全球矚目，令人更加感念潘文淵對產業的無私奉獻，以及潘夫人把國家幸福擺第一的精神。

潘文淵獎、ERSO Award　全球矚目

　　潘文淵文教基金會最高榮譽「潘文淵獎」至今得主計二十名，包括中央研究院林耕華院士、台積電張忠謀董事長、台達電子鄭崇華董事長、智融集團施振榮董事長、聯發科技蔡明介董事長、華碩電腦施崇棠董事長、廣達電腦林百里董事長、裕隆集團嚴凱泰董事長、台積電曾繁城副董事長、怡和創投王伯元董事長、聯華神通集團苗豐強董事長、晶元光電李秉傑董事長、美國加州大學柏克萊分校胡正明講座教授、金仁寶集團許勝雄董事長、清華大學史欽泰講座教授、長春集團林書鴻總裁、漢民科

1988 年潘文淵顧問頒發給羅達賢的獎牌（羅達賢／提供）

技黃民奇董事長、友嘉集團朱志洋總裁、清華大學半導體研究學院林本堅院長及研華劉克振董事長。

　　1983 年，在史欽泰的擘劃及推動下，工研院（ITRI）與國際電機電子工程師學會（IEEE）每年共同舉辦超大型積體電路國際研討會（VLSI Symposium），從技術、系統、應用，到設計、自動化與測試，匯集國際人才，全方位地探討並交流最前瞻創新的研究成果與論文。

　　自 2007 年起，潘文淵文教基金會頒發「ERSO Award」，表彰對半導體、電子、資訊、通訊、光電及顯示等產業推動的傑出貢獻人士。「ERSO Award」頒獎典禮就在 VLSI Symposium 開幕典禮上舉行，特別吸引全球矚目，歷年來已頒發 48 位得主。

　　史欽泰表示，從 1996 年以來，台灣、大陸及美國的學生獲得「潘文淵文教基金會獎學金」

2016年潘文淵文教基金會20週年慶祝大會。右起，基金會羅達賢執行長、科技部徐爵民前部長、台積電張忠謀董事長、基金會史欽泰董事長、經濟部李世光部長、工研院劉仲明院長、美國TAC前召集人虞華年顧問。（羅達賢／提供）

成立於1996年的潘文淵文教基金會，25年來持續推廣潘文淵先生的精神，董事會夫人團的隱形力量是重要關鍵。第一排右起，劉克振夫人、林和源夫人、羅達賢夫人、李世光夫人、史欽泰夫人、徐爵民夫人、胡正大夫人、方略夫人、吳志毅夫人及女兒；第二排右起，基金會劉克振董事、羅達賢執行長、李世光董事、史欽泰董事長、徐爵民董事、胡正大董事、方略董事；第三排右起，林和源董事、鄭敦仁董事、許金榮董事、沈祖望董事、彭裕民董事及兒子、吳志毅董事及女兒。（羅達賢／提供）

的人數達 1,110 位、「研究傑出獎」得主 83 位、「年輕研究創新獎」得主 31 位、「考察研究獎助金」得主 82 位、「物聯網創新應用獎」得主 7 隊，總計 25 年來，受獎人數已超過 1,300 名。

夫人團　隱形的力量

　　潘文淵文教基金會成立 25 年來，史欽泰一直以志工身分擔任董事長。而跟隨史欽泰，擔任潘文淵文教基金會執行長二十多年的羅達賢，

以其理解力及執行力，獲得史欽泰賞識。史欽泰説，最欣賞羅達賢的是他的持續力。

　　史欽泰的願景與使命感獲得羅達賢的認同，也吸引許多工研院志工一起投入基金會的工作。羅達賢強調，基金會每年頒發獎項及獎學金達八、九百萬元，全靠感佩潘文淵精神的基金會董事及企業家共襄盛舉。而夫人團的支持，可説是最可貴、最穩定的隱形力量。

　　2016 年潘文淵文教基金會 20 週年慶祝大會。右起，基金會羅達賢執行長、科技部徐爵民前部長、台積電張忠謀董事長、基金會史欽泰董事長、經濟部李世光部長、工研院劉仲明院長、美國 TAC 前召集人虞華年顧問。

　　潘文淵於 1988 年頒發的「承先啟後」獎牌，如今仍被羅達賢視為珍寶。他説，自己獲獎時驚喜萬分，沒想到潘文淵連當年擔任作業部經理並協助採購的他，也不忘給予肯定。史欽泰説，不吝於給予團隊成員肯定，正是潘文淵的領導風範。他表示，潘文淵強調團隊精神，不計個人名利，一心只想貢獻國家，真是令人敬佩。

　　史欽泰説，他很感謝歷屆董事們與產業界長期在經費方面給予大力支持，未來基金會將持續宣揚潘文淵扶植新興產業的熱情，致力推動人才培育及產業發展。期盼從基金會出發，帶動更多團體重視人才培育，建構更好的基礎環境，為臺灣產業再創高峰。

【註】潘文淵生平資料來源：潘文淵文教基金會

Wa-People

一流的人生
緬懷劉炯朗校長

文：史欽泰、陳健邦、許有進、張耀文、李明哲、王麗娟
圖：作者提供、李慧臻

清華大學前校長劉炯朗（1934 年 10 月 25 日－ 2020 年 11 月 7 日）是中研院院士、享譽國際的資訊科學家、名著作家，更是為產業育才、啟迪教化學子的教育家。清大許多大手筆的企業捐款，都源於他的魅力及影響力。劉炯朗校長 2020 年底驟然離世，留給親朋好友、企業家、學生、學弟妹無限懷念。

我竟然忘了怪他

文：史欽泰
清華大學科技管理學院講座教授、工研院特別顧問、工研院前院長

劉炯朗校長對清華大學有很多的貢獻，其中之一是他任內籌設了科技管理學院，在他幽默風趣的言談中流傳著向台積電創辦人募款的趣聞軼事。他的智慧與風趣是促成清華大學募款成功的因素。

在他擔任校長期間我在工業技術研究院擔任院長，住在光明新村與清華大學僅有一湖（成功湖）之隔，有多次見面機會，深被劉校長的翩翩風采所吸引，2000 年前後，有一天台達電

創辦人鄭董事長想以孫運璿院長的名義在大學設立講座，他來問我的意見，我腦海中立刻想到劉炯朗校長，鄭董事長在成大唸書的時候，就久仰劉學長的大名，很認同這筆獎座設在清華大學是最佳選擇，我立刻打電話給劉校長，他正在開會，劉炯朗校長回電的時候已經是星期五下班了，當他知道這個消息立即在隔天星期六一早就趕到台北拜訪鄭董事長，促成了「孫運璿科技講座」設在清華大學的由來。

1999 年國際知名的小提琴家林昭亮到清華大學大禮堂舉行演奏會，吸引了許多聽眾，林昭亮是在工研院光明新村長大的子弟，大禮堂的設施老舊，演奏中冷氣空調太吵，林昭亮為

清華大學前校長劉炯朗

了演出效果要求把空調關掉，在臺灣六月大熱天一群粉絲揮汗如雨，聆聽脱了外套的林昭亮一場最熱情的演出，事後劉校長覺得大禮堂的空調與座椅需要趕快改善，發動募款修繕，我也幫忙找新竹企業家朋友共襄盛舉，另外得知林昭亮小時候住在光明新村的舊居己面臨拆除的命運，因此我特意緊急將其保留下來並加以修護。

2003 年林昭亮帶著陣容強大的世界級音樂家再度到清華大學表演，演奏會結束後一夥國際音樂家到林昭亮的舊家開 party，開心極了，這是我和劉校長的共同成果。

2003 年我決定離開工研院到史丹福大學訪

問半年，傳來劉校長希望我考慮到清華大學科管院擔任院長的訊息，我立即答應了，事後劉校長常開玩笑說我被他騙來清華的，也因此我享受了好幾次由劉校長請客的美食美酒，我竟然忘了怪他。

雙瞳炯炯、襟懷朗朗
愛上層樓的劉校長

文：陳健邦
台積電前副總經理、「挑燈人海外」作者

過去二十年，校園之外，除了有兩次在日本，我和劉校長的見面談話都是在台北的各家餐廳。因為校長的行程蠻多的，我們最常見面

2020 年 10 月，清華校友和台北友人為劉炯朗校長慶生，並致送書法一幅（陳健邦集句、段孝勤揮毫）祝賀校長的 IC 之音節目邁向 15 週年
（陳健邦／提供）

的時間，就比較常約在別人不大會約的早餐時段，有時也會不期而遇。

我對校長在清華大學的第一次印象是，他對我說：「這件事，就麻煩你去跟張董講。沈校長認識的人也很多，可是你要他去跟人家要錢，他會不好意思開口。我不會有這個顧忌，我要錢都是為了學校。我當了清華的校長之後到各處去，大家都對我好，我明白，都是因為清華大學的緣故。」「我的院士是顧毓琇先生提名的，我當校長的時候還不是院士，我並不認識顧先生，我收到一封他的來信說，你是清華校長，應該要是院士，我來提名你。」

早幾年跟校長見面，他都還常帶著公事包，他談到高興的時候就常常會把手稿拿出來秀一下，說節目的內容都是很費心整理過的絕對不是一揮而就。他又說：「錄音的前一天絕對不能找我吃飯，我要在家讀書做功課。」有一次他又說：「我就是因為國語發音不標準，所以到現在才還沒有拿到金鐘獎。」

有一次我跟校長說，美光臺灣的總經理夫人說，聽你的節目，有五集談 Cats，百老匯的音樂劇，「貓」，覺得太有趣了。校長當場

的反應是：「下次到台中，你約美女來吃飯，我作東。」因為校長約吃飯的關係，我認識了校長朋友圈中的丘成桐、尹乃菁，還有何懷碩⋯⋯很多朋友。要不然尹乃菁家和我家在同一巷子，之前反而沒有見過面。

有一次因為某件事，我跟校長說恭喜。他說這沒有什麼啦，你會因為這個就比較佩服我嗎？我說，我們不會因為你是院士，就比較佩服你。我們會因為你是院士，而提高了我們對中央研究院的尊敬感。因為您，而增加校友們對清華的親近感。

有一次校長從海南島的數學論壇回來，對我說：「謝謝你之前送給我丘成桐的詩文集，這一次我致詞的時候當場好好的引用了一些，丘大師非常意外又高興，我居然知道他那麼多的資料。」另一次又說：「謝謝你送給我吳冠中的《吳帶當風》，這個我在節目中講了三集。」我也常發現到校長對於偶然碰到的計程車司機或者餐廳的服務人員都會很客氣地稱名道姓的稱呼，很有人緣。有一次，我們從國賓飯店走出來，就有一位小姐在門口拉住校長的手說：「我特別在這邊等你，陪你坐車回公司。」原來這是一位集邦科技的前員工，校長曾經幫她寫介紹信去申請念研究所，轉換跑道。他們在晚上公司的尾牙本來就會見面，但這位小姐想和校長先見到面，特地跑到飯店門口等。

2020 年 10 月，幾位朋友在微風的 UKAI 幫校長慶生還有慶祝他的廣播節目進入第 15 年。校長過世之後，我們幾位校友立刻和 IC 之音討論如何把過去的節目內容再整理公開，台達電郭珊珊這邊知道轉達之後，鄭崇華先生就表示願意玉成這個計劃。校長的幽默豁達和智慧學問，能夠透過這些內容，讓更多人分享到他如聞其聲如見其人愛上層樓的情與願，應該是我們對校長一個非常好的紀念。

傑出的學者，令人尊敬愛戴的長者

文：許有進
科技部前次長

　　劉教授是我在 UIUC 的老師。我修過他好幾堂課。他幽默風趣。每次上課一定先來一段笑話。他可以把很難懂的學問用簡單易懂的方式講出來。修過他的課都會覺得獲益匪淺。

　　劉教授除了在理論研究有傑出的成就，他也把這些理論應用在實際工程上問題特別是在 EDA （Electronic Design Automation）領域。我記憶最深是他和 Martin DF Wang 的一篇論文—使用 simulated annealing 尋求不同 slicing structure 之 floor plan 最佳化。這篇論文可以說是 EDA 研究的經典之作，啟發許多後續研究，它同時拿到當年 DAC 最佳論文獎。劉教授本人也獲得在 EDA 領域最高榮譽的 Phil Kaufman Award 。

　　劉教授不僅在學術研究上有傑出的成就，近幾年來在臺灣 IC 之音的廣播節目，用他深厚的學養把很多天文地理艱深的知識深入淺出又幽默風趣地表達出來，立刻擄獲一大群粉絲，對一般社會的貢獻不亞於他對科學、工業界的貢獻。他試著在幾分鐘內透過節目把幾個小時的課程不疾不徐的表達出來。他是傑出的學者，更是令人尊敬愛戴的長者。

師公劉炯朗校長與我

文：張耀文
臺灣大學電機資訊學院院長

　　我與師公虛擬相遇，始於在臺大資訊工程學系大二修習「離散數學」必修課和大三的選修課「組合數學」。首次實體相遇於加州矽谷舉辦的 1994 年國際電腦輔助設計會議 ICCAD，當時師公早就是此領域祖師爺級的神人。初次見到，懷著敬畏的心，只敢遠觀，不敢近談，

1998-1999 年間，張耀文教授到清華大學拜訪劉炯朗校長（張耀文／提供）

2011 年，劉炯朗校長與夫人前往加州矽谷，出席「卡爾夫曼獎」頒獎典禮 （張耀文／提供）

但已深深地被他溫文儒雅的氣質所震懾住。林肯說：「人過 40 歲，要為自己的容貌負責。」師公的相貌，寫滿著智慧、良善和關懷，正是這句話的寫照。

　　真正單獨與師公深談，始於 1998 年他回國擔任清華大學校長後（我於 1996 年回國任教於交通大學）。師公雖然校務繁忙，仍然利用各種機會，多次邀約，無所不談，關懷備至，實為至親之情。

　　師公對教育的熱情與關注，不因卸任退休而有所改變。

　　師公受邀擔任各地教育科技顧問，對全世界的高教制度非常熟稔。2005 年起，我接替師公成為日本早稻田大學的客座教授六年，與日本產學領袖、師公摯友 Satoshi Goto 教授結成忘年之交。

2012 年，劉炯朗校長獲 ACM 國際實體設計會議 ISPD「終身成就獎」（張耀文／提供）

2011 年師公獲得有「電子設計自動化 EDA 諾貝爾獎」之稱的「卡爾夫曼獎」，為臺灣的唯一。公布前我先被 IEEE 電子設計自動化學會 CEDA 候任總裁 Sani Nassif 博士邀請負責在 ICCAD 頒獎晚宴的募款。此募款秘密進行，由於師公的好人緣，這是我至今最為輕鬆的募款過程。一週不到，所有首批標定企業皆同意贊助，所募到的金額竟已超過原目標的三倍，因此總裁特別給予所有臺灣與會者免費入場的優惠。該晚宴冠蓋雲集，超過三百人參加，會中講述師公生涯和貢獻，溫馨感人，成為史上最大最成功的卡爾夫曼獎盛宴。我也因此和 CEDA 學會有密切連結，於隔年開始擔任執行委員，並於去年卸任總裁。2011 年我有幸擔任 ACM 國際實體設計會議 ISPD 的主席，創立此領域的終身成就獎。並於次年以指導委員會主席的身分，籌畫師公獲獎的晚宴。當晚師公的門生故舊從世界各地齊聚加州那帕谷歡慶，會中眾人分享個人與師公的故事，感念師公提攜授業之恩，多人熱烈盈眶，歷歷有如昨日。這是最美好難忘的時光！

師公是全球唯一 ACM 和 IEEE 兩大電機資訊專業學會雙料教育獎章的得主，他輝煌的教學研究貢獻，早已載於青史；他受邀於美國加州計算機歷史博物館留下華人唯一的口述歷史，即是一例。師公在 2009 年受邀於臺大作「教與學之激盪」的歷史性演說，揭櫫教學的三面向：灌輸（To instruct）、導引（To invite）與啟發（To inspire），現已被臺大奉為教學的圭臬。他強調教師應依課程內容、學生資質和時間點，選擇教學方法和面向，給予學生最適當的協助。在教育層次方面，他認為要先教學生「如何回答問題」，並提高層次至「如何問問題」。對教育的意義和目標，他引用亞里斯多德的話，要讓學生成為有用、有品德、有知識的人，缺一不可。

他的驟逝，給我們最大的教訓：愛要及時，一定要即時！！

化為千風，在無限寬廣的天空翱翔

文：李明哲
新思科技全球副總裁、臺灣區董事長暨總經理

2021 年感恩節，我們在這個日子聚在一起，感念劉校長為我們做的一切的同時，我們也藉著「新思科技 - 劉炯朗優秀博士生獎學金」的設立，希望能為劉校長的一生的職志 - 教育和長期培養優秀的博士學生做出一份貢獻。也希望得獎的學生能在 EDA 及 IC 設計領域的研究上能繼續的傳承劉校長的精神。

我有一張非常特別也值得紀念的照片，是我跟松竹梅三校校長的合照。中央大學周景陽校長，交通大學（現陽明交通大學）張懋中校長和清華大學劉前校長在 2018 年新思科技舉辦的 VIP 晚宴前的合照。

2018 年新思科技 VIP 晚宴，清華大學劉炯朗前校長（右三）、交通大學（今：陽明交通大學）張懋中校長（右二）、中央大學周景陽校長（左三）、與新思總裁暨共同執行長陳志寬（左二）及李明哲（右一）合影（李明哲／提供）

劉校長的輩分和地位，他在我們 EDA 業界的地位是無人不知，無人能比。我一直非常期待能跟劉校長有互動多學習。雖然沒有直接的學習，但我卻是他在 IC 之音「我愛談天你愛笑」的忠實聽眾。

有好長一段時間，我下班的路上，就是幽默風趣博學多聞的劉校長陪著我開車回家。從天文到地理、自然科學到人生哲學，中國文學到語文音樂，領域跨度之大，我實在很難想像，要有多少學習，人生閱歷和生命的綻放，才能有這般的精采人生。 還好這些智慧和精華都化為 18 本書和音頻記錄下來了。

我記得我曾經聽過他在一次電台節目中分享的一首悼詞，原文作者是 Mary Elizabeth Frye，題目是 A THOUSAND WINDS，"Do not stand at my grave and weep. I am not there. I do not sleep. I am a thousand winds that blow."（請不要在我的墓前哭泣，因為我不在那裡，沒有沉睡不醒。化為千風，我已化為千縷微風，在無限寬廣的天空翱翔。）

劉校長，我想您現在已經化為千風，在無限寬廣的天空翱翔。您是屬於世界的，也是屬於我們大家的劉校長。我們謝謝您，我們愛您，我們也想念您。

珍貴的禮物

文：王麗娟
宏津數位創辦人、產業人物 Wa-People 主筆

1998 年，告別台北十年的科技雜誌編輯生涯，來到新竹採訪報導產業新聞。對我而言，環境、朋友圈、生活節奏，全新而陌生。

劉炯朗校長自 1998 年 2 月上任，他擔任清華大學校長四年期間，每回遇見他，總是讓我的那一天充滿笑聲，更常有茅塞頓開、大豐收的感覺！有一回請問校長，清大校園「蒙民偉樓」的由來，沒想到因此聽到募款的故事，對

2009 年 6 月 1 日，劉炯朗校長親筆鼓勵剛創業的團隊（王麗娟／提供）

他能夠舉重若輕完成大事，心中非常敬佩。

2008 年，想把精彩的產業故事好好記錄下來的我們，決定創業。沒想到這一年是金融海嘯，景氣很差。有一天與校長重逢，他鼓勵我的志向，還特別寫字送給我。「追求完美、絕對苛求」這八個字，如迎面灑下的光，成了我微笑前進的永續電池！

跨向 2021 年的前一天，在清華大學李家維教授的南庄別墅，有和劉校長一碰面就可以猛說廣東話、散發幽默泡泡的謝其嘉董事長及夫人，還有陳健邦、張正傑，李艷秋、李濤、黃一農教授等好友聚在一起緬懷劉炯朗校長。大家聊著與劉校長的往事，不時揚起一片笑聲。

李家維教授説，彷彿劉校長就跟大家在一起！接著，大提琴家張正傑一邊說弦太凍了，一邊為大家演奏起動人的旋律，我的淚水終於忍不住 …。

2021 年，以劉炯朗校長為名，旺宏、台達電、聯電、新思科技，分別設立「劉炯朗講座」、「劉校長開講，愛上層樓」廣播網站、「劉炯朗館」，以及「劉炯朗優秀博士生獎學金」，緬懷紀念劉校長對教育與人文的關懷。我們在《產業人物 Wa-People》www.wa-people.com 刊出報導，並在心中默念，「還好！校長一直都在！」

「劉炯朗講座」

2021 年 8 月 3 日，清華大學宣布設立「劉炯朗講座」，由旺宏電子捐贈 3 千萬元永續基金，遴聘學者專家擔任講座。當年，旺宏捐助 4 億元並於劉炯朗校長任內開始籌建「學習資源中心─旺宏館」，傳為美談。劉校長長年擔任旺宏電子及旺宏教育基金會的董事，並協助推動旺宏金矽獎及旺宏科學獎，為臺灣培育許多優秀的年輕科技人才。

旺宏電子董事長吳敏求表示，劉炯朗風趣幽默、博學多聞，是他非常敬重的學長，透過「劉炯朗講座」的設立，希望借重劉炯朗過去在電腦資訊科學領域上的國際聲望，協助清華大學延攬全球知名學者專家進行前瞻的學識或研究成果，嘉惠臺灣年輕學子，持續提昇臺灣科技產業在世界的創新能量及領導地位。

「劉校長開講，愛上層樓」廣播網站

2021 年 8 月 20 日，台達集團創辦人暨基金會董事長鄭崇華主持「劉校長開講，愛上層樓」廣播網站開播記者會。在台達電贊助下，

劉炯朗校長（右）是旺宏吳敏求董事長（左）非常敬重的學長。2021 年 8 月 3 日，旺宏捐贈 3 千萬元，於清大設立「劉炯朗講座」（旺宏／提供）

台達集團創辦人暨基金會董事長鄭崇華伉儷（右）、劉炯朗校長夫人張韻詩教授（左二）、基金會副董事長郭珊珊，共同宣布「劉校長開講，愛上層樓」免費廣播網站開播（台達電／提供）

聯電宣布捐贈清華大學整修現有資電館，並更名為「劉炯朗館」。左起清大前校長陳文村、台聯大校長陳力俊、清大校長賀陳弘、清大榮譽教授張韻詩、聯電董事長洪嘉聰、總經理簡山傑、執行副總徐明志、副總賴明哲（聯電／提供）

劉炯朗校長夫人張韻詩教授（左四）、新思科技（Synopsys）資深副總裁暨台灣新思科技董事長林榮堅（左五）、新思科技全球副總裁暨台灣新思科技總經理李明哲（左六）與「新思科技－劉炯朗　優秀博士生獎學金」受獎學生合影（新思科技／提供）

劉炯朗校長十五年來在 IC 之音主持逾 800 集精彩節目內容，免費公開。

網址：（ www.chunglaungliu.com ）

「我認識的劉校長，真是博學多聞、做人謙虛、做事熱心的一位君子」，鄭崇華建議年輕朋友下載這些精采的節目內容隨時欣賞，特別是在感到壓力、困擾，或心情不好的時候，不但可以接觸新知、開朗心情、甚至也可以對事業有所幫助。

「劉炯朗館」

2021 年 11 月 5 日，聯電宣布捐贈清華大學整修資電館，並更名為「劉炯朗館」。聯電董事長洪嘉聰表示，劉炯朗校長自 2006 年起，15 年間，對聯電董事會治理貢獻良多。希望透過「劉炯朗館」的設立，讓新一代的年輕學子們，也能感受他言談充滿睿智兼寬容的教育家風範。

清華大學校長賀陳弘表示，聯電在劉校長逝世周年前夕捐贈「劉炯朗館」，深具意義。劉校長是傑出的科學家，著書立說，學術成就得到國際肯定；他是教育家，即使學生犯了大錯，也永遠關愛學生；他開募款風氣之先，為清華引進許多大尺度的企業捐款。「他是所有大學校長的典範，是立言、立德、立功三不朽的校長！」

「劉炯朗優秀博士生獎學金」

2021 年 11 月 26 日，新思科技（Synopsys）全球資深副總裁暨臺灣區董事長林榮堅宣布，將原來的博士級獎學金擴大規模，並更名為「新思科技-劉炯朗優秀博士生獎學金」，承諾 Synopsys 未來十年將投入新台幣六千萬元。

林榮堅表示，劉校長才華洋溢，機智風趣，是科技與人文結合的典範，尤其在電子設計自動化（EDA）與離散數學等領域學術成就斐然，為國際最頂尖學會 ACM 首屆會士和 IEEE 會士，曾於 2011 年奪下「EDA 領域諾貝爾獎」之稱的「菲爾・卡夫曼獎」；此外，劉校長更是世界知名的教育家，曾獲 ACM 和 IEEE 雙料的教育獎章，在清華大學校長任內共同促成了與交通大學、中央大學、陽明大學籌組「臺灣聯合大學系統」合作方案，促進四校的資源整合。

這場記者會是林榮堅退休前的重要活動，他致詞時特別強調對劉校長的尊敬，推崇他教育家的胸懷，對於他在清大校長退休前夕，揹了很多書去探監，鼓勵犯下大錯的學生要堅強、多讀書、往前看的事蹟，尤其難忘。

Wa-People

臺灣半導體
兆世代揭幕

文：王麗娟　圖：劉國泰

追念臺灣經濟奇蹟與科技進步的重要推手李國鼎資政（1910～2001）逝世 20 週年，李國鼎科技發展基金會與臺灣半導體產業協會（TSIA）於 2021 年 12 月 3 日盛大舉辦「臺灣半導體，世紀新布局」論壇，邀集產業巨擘與菁英，探討未來十年、二十年，如何齊心協力，再創臺灣半導體產業榮景，並成為太平洋上最耀眼的矽島！

追念李國鼎「進、競、淨」精神

追念對國家做出偉大貢獻的李國鼎資政（1910～2001）逝世 20 週年，李國鼎科技發展基金會董事長王伯元 2021 年 12 月 3 日主持「臺灣半導體，世紀新布局」論壇開幕典禮，特別強調「飲水思源」，呼籲大家緬懷、感謝李資政大力推展半導體產業及對臺灣的貢獻，繼續追隨先人的努力，認真打拼，使臺灣更好，成為太平洋上重要的矽島。

王伯元在科技產業及創投業擁有五十餘年經驗，取得卡內基美隆大學物理博士及臺灣大學物理學士學位，曾在美國 IBM 服務 20 餘年，

李國鼎科技發展基金會董事長暨中磊董事長王伯元呼籲齊心協力，再創臺灣半導體產業榮景

擔任多個部門資深主管。1980 至 1984 年曾任工研院技術指導小組顧問。1989 年擔任臺灣行

李國鼎科技發展基金會董事長暨中磊董事長王伯元（右）擔任「李國鼎紀念論壇」主席，
鈺創科技董事長盧超群（左）擔任論壇召集人暨主持人

政院「資訊及電子工業評審委員會」（TRB）委員及執行秘書，深度參與臺灣高科技產業之規劃與發展。

1990 年，王伯元創立怡和創業投資集團，1992 年創立中磊電子，膺任董事長迄今。1997 至 2005 年擔任臺灣創業投資商業公會理事長。2013 至 2017 年擔任台灣玉山科技協會理事長，2017 至 2018 年擔任全球玉山科技協會理事長，2018 年接任李國鼎科技發展基金會董事長。目前亦擔任多家臺灣上市公司董監事及美國創投和私募基金公司資深顧問。

王伯元表示，李國鼎先生服務公職 50 年，把青春獻給國家及社會，是臺灣經濟奇蹟與科技進步的重要推手，不但是臺灣的「財經之父」、「科技之父」，他更推展了創業投資，所以也被稱為「創投之父」。

「半導體已發展成臺灣最重要的產業，2020 年產值 3.22 兆元，佔臺灣 GDP 約 16%；2021 年產值大幅成長到 4.1 兆元，約佔 GDP 20%。羅馬不是一天造成的，臺灣有這樣的經濟規模，靠的是先人的努力而成。」

王伯元強調，李國鼎一生以「進、競、淨」三字為座右銘，重視個人、企業、國家的進步與競爭力，「一生清廉樸素、公私分明，四十年間，一直住在台北市泰安街一座木造的房子裡，去世後兩袖清風，他的風骨與精神值得大

蔡英文總統（中）出席「李國鼎紀念論壇」，左起聯發科技董事長蔡明介、台積公司董事長劉德音、李國鼎科技發展基金會董事長王伯元、論壇召集人暨主持人鈺創科技董事長盧超群、總統府秘書長李大維、旺宏電子董事長吳敏求

家學習。」

　　王伯元表示，臺灣發展半導體工業，對內有艱困的環境，包括五缺及地緣政治的風險；對外有各個大國競爭，面臨這樣全世界的挑戰，未來十年、二十年，如何保持榮耀，是很重要的關鍵，也是舉辦「臺灣半導體，世紀新布局」論壇的動機。

產業聚落、人才培養、能源轉型

　　「一位關鍵人物，在一個關鍵時代，可以創造國家的榮景及代代相傳的重要產業，對國家來講，是何其幸運。」蔡英文總統緬懷李國鼎資政對國家及產業的貢獻。

　　「過去一年多以來，常有外賓到臺灣，不約而同的都會談到臺灣的半導體產業，希望與我們交換經驗甚至取得協助，他們都很羨慕臺灣能夠建立完整的產業生態系，這也讓我們在美中貿易衝突以及國際疫情的影響下，仍然能夠屹立不搖。」

　　蔡英文總統表示，這幾年政府積極打造從新竹到高雄的半導體產業聚落，為下階段半導體產業的發展超前部署；在培養人才方面，新成立的四所半導體學院，已開始陸續招生。「人才是產業發展最關鍵的投資，我們要持續提升研發能力，為往後幾十年的半導體產業發展，打下堅實的基礎。」

　　「臺灣的太陽能光電設置量，相較五年前，已經成長了 4.7 倍，第二座離岸風電也已經完成。」蔡英文總統表示，政府有明確的能源轉型目標，將全力發展再生能源，當企業的後盾，增加綠電供應，協助產業打進國際綠電供應鏈。

兆世代揭幕　再創黃金二十年

　　鈺創科技董事長盧超群擔任論壇召集人暨座談會主持人，他在 1990 年首次與李國鼎先生見面，隨後放下美國 IBM 的高薪工作，於 1991 年回臺創業，並參加國家「半導體次微米計劃」。

鈺創科技董事長盧超群

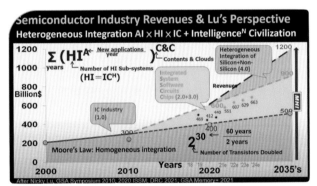

盧超群預估 2035 年全球半導體產值將可達 1.2
兆美元（來源：鈺創科技）

2004 年，李國鼎先生去世三年後，臺灣半
導體產業總產值首度突破新台幣一兆元，第二
個及第三個兆元隨後在 2014 年及 2020 年達標。
緊接著只花了一年，在全球疫情肆虐下，臺灣
半導體產業總產值於 2021 年突破四兆元。

盧超群對半導體產業的前景大為看好，他
以「兆世代揭幕」（T Era Starts），強調四 T
亮點，從資本投資面、材料與結構創新，及整
合技術，預估全球半導體產業將於 2035 年達到
1.2 兆美元。

盧超群於 1991 年創建鈺創科技，繼而創
辦鈺群及鈺立微電子並擔任董事長。現任台灣
人工智慧晶片聯盟會長、台灣半導體產業協會
（TSIA）常務理事、理事長（2013~2017）；

全球半導體聯盟（GSA）主席（2009~2011）、
董事、亞太領袖會主席。他也共同創辦多家企
業，已有數家在臺灣公開發行。1991 年獲選為
國際電機電子學會榮譽會員（IEEE Fellow），
1998 年以在高速動態記憶體設計及記憶胞元件
技術之領先貢獻獲頒「IEEE Solid-State Circuits
Award」最高榮譽獎章，1999 年榮獲美國國家
工程院院士。他擁有 40 項美國專利，並發表
70 多篇專業論文及 Technology Keynote 演講，
四十多年來致力於貢獻全球 IC 設計及半導體產
業。

根據工研院 IEK 統計，臺灣 2021 年半導體
產值約佔全球 26.3%。盧超群說，「未來全球
1.2 兆美元的半導體產業規模，如果臺灣能佔有
25%，為全球經濟加值，將可再創臺灣經濟黃
金二十年，這就是我們努力的目標！」

「四 T 亮點的第一個 T，是未來 5 年
內，全球半導體將加強投資突破 1 兆美元（1
Trillion）。」盧超群指出，光是 2021 到 2022
就有 32 座晶圓廠興建，包括中國 8 座、臺灣 8
座、美國 6 座、歐洲和中東 3 座，日本 2 座、
韓國 2 座；第二個 T，是電晶體（Transistor）
將以新架構及新材料出現。從純矽的「矽 1.0」
世代、進到將系統及軟體架構整合到晶片線路
上的「矽 2.0」及「矽 3.0」，接著透過矽「異
質整合」將矽 3.0 加上非矽材料，達到「矽 4.0」
進化。

第三個 T 是「兆級整合」（Tera Scale
Integration, TSI），靠著晶粒堆疊技術，將高達
數兆個電晶體整合在一顆晶粒上；盧超群多年
前提出並命名的「異質整合」（HI），如今已
被全球視為是延伸摩爾定律的重要技術。他強
調，透過優化「同質與異質整合」（MHI），整
合矽和非矽材料與元件，將帶動「矽 4.0」世代，
創造出具有自體智慧的微系統。

第四個 T，是展望 2035 年全球半導體產

值可望達到 1.2 兆（1.2 Trillion）美元。盧超群 2010 年在 GSA 論壇上，就以一張圖表大膽預測説，如果能實現「矽 2.0」及「矽 3.0」，將系統及軟體架構整合到晶片線路上，將可突破摩爾定律，預估 2021 年全球半導體產值可達 6000 億美元；如今看來，盧超群當年的推估可説相當神準，2021 年全球半導體產值果真達到 5500 億（550 Billion）美元。

盧超群強調，若能進一步透過 MHI 技術實現「矽 4.0」，預估 2035 年全球半導體產業將可達 1.2 兆美元產值。也就是説，過去全球半導體產業發展了六十年，終於達到如今 5500 億美元的規模，放眼未來十到十五年，可望加快成長，再增加近 7000 億美元，衝上 1.2 兆美元。

加速成長　2030 產值 1 兆美元

台積公司董事長劉德音回顧當年在美國快拿到博士學位時，特別回臺灣拜見李國鼎先生。當時，擔任行政院政務委員的李國鼎抽出 20 分鐘，見了這位二十幾歲的小夥子。那天見面最後，李國鼎對劉德音説，「你還是回美國工作幾年再回來。」於是，拿到博士學位後，劉德音在美國工作了十年，於 1993 年回到臺灣。

1993 年劉德音加入台積公司擔任工程副處長，建立台積首座 8 吋晶圓廠，其後歷任營運資深副總經理與先進技術事業資深副總經理，為台積創建首座 12 吋晶圓廠，開創超大晶圓廠的營運業務。在世大與台積公司合併之前，劉德音擔任該公司總經理。2012 至 2013 年間，他出任台積公司共同營運長，2013 至 2018 年間擔任台積公司總經理暨共同執行長，負責領導尖端技術開發。目前劉德音也擔任台灣半導體產業協會（TSIA）理事長、麻省理工學院首席執行長諮詢委員會及加州大學柏克萊分校工

台積公司董事長劉德音

程學院的工程顧問委員會成員。

談到對半導體產業未來的看法，劉德音強調，半導體是推動新科技的基礎，「毫無疑問，半導體在未來世界經濟發展中，將扮演更加舉足輕重的角色。」

首先，疫情加速了全球數位化。從遠距工作、遠距學習、遠距電商，到共享經濟，原來要十幾年的演化，在一年之內，就進入每個人的生活。各種電子產品中，半導體的含量與作用持續增加。從數位運算、第五代無線通訊（5G）和人工智慧（AI），開拓了很多新的應用領域，進一步加速先進半導體技術發展的腳步。

劉德音指出，半導體作為未來科技發展的核心，估計成長率將高於電子產品市場的兩倍以上。全球半導體產業加速成長，「轉折點是 2020 年，COVID-19 開始，一直到 2030 年，全球半導體全年營收將成長到 1 兆美元以上，直接推動全球電子產品 3 兆到 4 兆美元的成長。」

「有兩個關鍵技術必須齊頭並進，」就是更先進的電晶體製程技術，以及 3D IC 先進封裝技術。過去 15 年，台積公司為產業提供先進半導體工藝，每兩年實現兩倍的運算效能提升；未來 10 年，最重要的發展是高效能運算

（HPC），並達成高節能效率這兩大目標。

為使各種應用更加優化，除了晶片設計外，當半導體設計從 2D 到 3D，不同的運算功能，首先可以各自在電晶體設計上分別優化，接著再利用 3D IC 獲得整體集成，以取得系統和應用上的最佳效能。劉德音強調，「未來半導體技術製造會與系統架構設計及軟體更加緊密結合，EDA 工具不斷推出新發明，來孕育更多跨時代半導體的創新。」

開放性的創新平台

「過去 15 年，我們的能源效率直線上升，已經超越摩爾定律。」劉德音指出，台積公司在 2005 年到 2012 年左右，透過不同材料做創新；2012 年到 2020 年，以不同的電晶體結構及設計方法做創新；2020 年以後，更從硬體、系統軟體，以及更多系統整合，展開半導體架構巨大的創新。

高效能運算邁向雲端，驅動各種系統及應用
（來源：台積公司）

「AR 會取代手機，VR 會取代 PC，七年前，台積公司內部技術人員已經討論出這樣的看法，認為人類跟網絡空間的互動，將會完全改變。」劉德音說，「我們早就為這樣的應用在開發技術。」如今 VR 頭盔重量超過 500g，電池壽命

不到 2、3 小時，價格很高，讓人回想到二十年前的手機。若要實現像如今手機一樣的普及度，無論在重量、體積和電池續航力，都需要有巨大幅度的改善。「重要的是，更高能的運算，更快速、低耗能的資料傳輸，加上更高解析度的感測器，都會繼續推動未來半導體的創新和進步。」

劉德音談到半導體未來的價值主張（Value Proposition），強調「半導體技術進步，會從系統和應用層面，帶來更廣闊的經濟利益。」業界需要從「系統和應用層面」來看待半導體技術帶來的經濟利益，而不是只看晶圓或硬體的成本。劉德音強調，「只有這樣，才能保證我們有能力持續投資、持續開發、持續研究，打造未來更先進的半導體技術。」

過去，半導體成本降低，是主要的經濟驅動力；但未來作為大規模數位經濟的基礎，半導體技術製造將作為一個開放性的創新平台，使新型應用能夠以更快的速度，為終端使用者創造遠高於今天的價值。

決勝因素：技術、製造、經濟生態

「未來十年，將是半導體產業在整個產業價值鏈中，佔有舉足輕重的黃金時代。」劉德音強調，臺灣半導體產業擁有完整的產業聚落，以先進製程技術、堅實研發，和生產基礎，在全球半導體供應鏈中佔有關鍵地位。他認為，「過去 50 年，半導體技術依照摩爾定律，認定縮小電晶體尺寸是唯一的方向，就像在隧道中行走」。如今，「我們已經接近隧道的出口，在隧道內技術的發展越來越難，但在隧道之外，卻存在更多可能性。」

「人才是臺灣競爭力的基礎，」劉德音呼籲產官學研界，能更加關注半導體人才的培育。

2021 年 5 月，立法院三讀通過「國家重點領域產學合作與人才培育創新條例」，大幅鬆綁大學的組織與人事限制，首先在成功大學、陽明交通大學、臺灣大學、清華大學等四所學校，成立半導體學院，培育高級半導體人才。」劉德音相信在產學合作共同育才的努力下，一定能夠為臺灣往後幾十年的半導體產業，打下重要的基礎。

除了培育國內人才外，為了讓臺灣在國際舞臺上持續保有競爭力，劉德音認為，人才的來源要更加流通、更加多元。「應該有足夠的開放性與競爭性，吸引全世界的半導體人才來參加。積極招攬國外專家進入臺灣學界，以提升臺灣半導體基礎研發的動能。」

臺灣有完整的半導體供應鏈，紮實的實務基礎、研發實力，劉德音認為，如果善用我們的競爭優勢，搭配更開放的產業環境，相信對全球半導體人才來說，會有很大的吸引力。

劉德音相信全世界對於半導體的需求，將持續增長。他表示，雖然沒有人能夠預測未來地緣經濟的動態與發展，「但臺灣經過幾代人的努力，特別是像李國鼎先生、張忠謀創辦人這些有遠見的先驅和領袖，臺灣在如此重要的產業中，已經穩固地確立了領導地位。」雖然當前的地緣政治緊張情勢或許帶給半導體供應鏈一時紛擾，「從長遠來看，我相信最好的技術、製造和我們經濟生態的運轉，將是半導體未來決勝的因素。」「我們有信心，可以看到臺灣半導體業，將帶動全球科技，邁向下一個更精彩的十年。」

「非常振奮」時代，歡迎年輕人加入

「半導體的盛會尚未結束，我和 Mark（劉德音董事長）都認為現在產業正處於非常振奮的時代，歡迎更多年輕人加入。」聯發科技董

聯發科技董事長蔡明介

事長蔡明介說，「非常振奮」四個字，是他引用劉德音幾天前（11 月 29 日）在台積公司創辦人張忠謀九十壽宴上所說的話。

「從白米到電晶體」，1950 年次的蔡明介經常如此比喻臺灣產業自 50 年代以來的轉型。1966 年，李國鼎先生時任經濟部長，主導創立「高雄加工出口區」，蔡明介說自己第一份工作，就在這裡；1976 年蔡明介加入工研院後，隨即被派往美國 RCA 引進半導體技術；1980 年聯電自工研院衍生成立，蔡明介就此跟著聯電進到竹科工作。蔡明介說，這一路「都是李國鼎資政的擘畫，心中充滿無限感激」。

聯發科技成立於 1997 年，現為全球第四大 IC 設計公司，所研發的系統單晶片（SoC）一年驅動超過 20 億台國際各大品牌的終端裝置，產品線涵蓋行動通訊、智慧家庭、網路與寬頻、物聯網等。

蔡明介是工研院院士、交通大學和清華大學榮譽博士，以及臺灣大學傑出校友。他於 2013、2014、2016 及 2018 年獲 Harvard Business Review 選為「全球百大傑出執行長」（The Best-Performing CEOs in the world）。2015 年榮獲 GSA「張忠謀博士模範領袖獎」殊榮。2020 年在竹科 40 周年獲頒「傑出成就貢獻

獎」，表彰他長年來致力推動半導體產業發展的貢獻。

蔡明介指出，過去五十年，臺灣半導體產業對全球摩爾定律的持續推進，做出極大貢獻。Intel 回顧自己 1971 年 4004 微處理器只有 2250 個電晶體，到 2021 年推出的第 12 代 Core 處理器，以 7 奈米製程打造，電晶體數已達 217 億；2021 年，台積公司以 5 奈米製程，為 Apple 製造 A15 仿生晶片，電晶體數達 150 億；2021 年 11 月，聯發科技發表的 5G 行動平台天璣 9000，電晶體數高達 155 億，率先以台積公司 4 奈米製程製造。

「IC 設計公司與晶圓代工廠，是共生發展的生態系統，」蔡明介強調，美國最早的 IC 設計公司 Altera 成立於 1983 年；臺灣的 IC 設計公司，1987 年有瑞昱、矽統成立，接著 1990 年凌陽，1992 年威盛，1993 年智原、1997 年聯發科技和聯詠自聯電獨立出來，在時間上和美國的 IC 公司並沒有差太多。

一開始，IC 設計公司的規模都還很小，產值相對於整個半導體產業，比重非常低。1991 年，全球 IC 設計公司創造的產值，只佔整體半導體產業 1.7%，當時，AMD 執行長 Jerry Sanders 並不看好 IC 設計公司的前途，還嗆過一句名言，說「有廠才是真男人！」（Real man have fabs.）

全球 IC 設計公司的產值，到了 2000 年還只佔半導體產業 9%；再過 20 年，2020 年時，這個比重已成長到 33%。而過去堅持 IC 自己設計、也自己製造的 AMD，也在新執行長暨總裁蘇姿丰（Lisa Su）領軍下改變策略，把製造委託給台積公司，從此帶給競爭對手 Intel 極大的壓力。

蔡明介說，臺灣 IC 設計公司過去三十年來顯著成長，雖然 1990 年的出口總額只佔臺

灣 GDP 約 0.8%，到了 2021 年，比重已成長達 20.2%。聯發科技在 2003 年營收突破十億美元天險，接著 2020 年突破百億美元大關，晉級全球 IC 設計公司第四大，2021 年營收已超過 175 億美元（新台幣 4934.15 億元）。2021 年，聯詠營收接近 50 億美元（新台幣 1353.66 億元），瑞昱也接近 40 億美元（新台幣 1055.04 億元）。

提高市佔率及影響力

2021 年臺灣半導體產業產值突破新台幣 4 兆元，其中，IC 設計公司佔 1.2 兆元、晶圓代工廠 1.9 兆元、IC 封裝 4284 億元、IC 測試 2000 億元，以及記憶體在內的整合元件製造廠（IDM）佔 2936 億元。

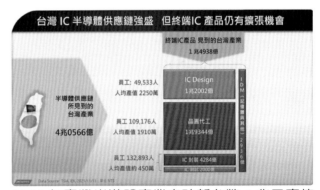

2021 年臺灣半導體產業突破新台幣 4 兆元產值（來源：TSIA ／ IEK ／聯發科技）

蔡明介指出，全球 IC 產品分三大類，分別是邏輯 IC 約 42%、記憶體 IC 約 26%，以及第三類包括離散元件、類比 IC、光電元件、感測器等加總約 32%。臺灣 IC 設計公司比較強的是邏輯 IC，臺灣在全球 IC 設計公司的市佔率約 20%，但如果把 IDM 廠加進來一起評比，則臺灣只佔 5%。

從 IC 的應用來看，臺灣在手機、消費性電子、PC 等領域表現較佳，但對於企業用戶 / 基礎設施、工業、汽車等應用，則還有很大的發

展空間。蔡明介強調，臺灣半導體產業結構需要升級！他表示，「如果臺灣要提高在世界半導體的佔有率跟影響力，一要拓展應用領域，二要擴展 IC 的類型。」

兩大挑戰：供應鏈自主化、人力不足

蔡明介指出，當前臺灣半導體產業的兩大挑戰，一是疫情讓全世界更加重視半導體產業，紛紛決定要在自己國家蓋晶圓廠，並掌握半導體供應鏈自主化；二是人力不足。

各國紛紛投下重資，美國喊出讓製造業回歸美國，將在五年內投入 520 億美元（新台幣 1.5 兆元）；歐盟將於二、三年內投入 1450 億歐元（新台幣 4.5 兆元）；中國更說要投注 10 兆人民幣（新台幣 44 兆元），以實現半導體產業自主。

再看各大廠的資本支出，除了台積公司、英特爾、三星的大手筆投資外，連過去 10 年來每年資本支出一直在十幾億美元上下的德州儀器，也宣布將未來三年將投入 300 億美元，新增四座 12 吋晶圓廠。總計 2023 到 2025 年，全球半導體廠的資本支出將達四、五千億美元。蔡明介強調，這將是一個新的挑戰！

另外一個挑戰是人力。蔡明介憂心，少子化使大專院校的理工科畢業生在過去三年間從 10 萬減為 9 萬，加上過去 15 年來，選讀理工科系（簡稱：STEM）的比例從 40% 降到 33%。他強調，如果臺灣要繼續投入新科技、新設計的研究開發，這會是一個很根本的大問題。

四大機會：AI、電動車、元宇宙、量子電腦

對 IC 設計公司來說，蔡明介認為未來重要的四大趨勢包括人工智慧／深度學習（AI ／ Deep Learning）、電動車／自駕車、元宇宙（Metaverse），以及量子電腦。

他強調，「在雲端服務生態系統中，IC 設計公司扮演了最核心的角色。」在 1995 年 Internet 出來之前，IC 公司加上 IDM 公司提供產品給 OEM 與系統產品公司（如 HP, Dell, Samsung 等），產值大約提高了 10 倍；自從 Internet 出現，包括 Facebook 與 Google 等在網路服務業者帶來巨大變化，所以從 1995 到 2000 年後，半導體常說自己只是生態系的一部分，直到如今全球大缺貨，大家才知道，原來半導體是如此重要，「必須要靠半導體產業，從 IC 設計、製造，到軟體整合，網路服務業者才能夠從系統產品再創造 10 倍擴大的價值。」

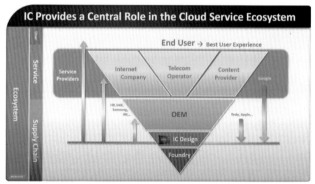

IC 設計公司在整個雲端服務生態系統中，扮演核心角色（來源：聯發科技）

首先，蔡明介看好 AI 及深度學習的前景。他回顧資訊科技花了 51 年締造 0.5 兆美元產值（1946 ～ 1997）；Internet 科技花了 20 年，於 2020 年產值達到 13 兆美元；他引述 ARK 投資公司創辦人凱薩琳伍德（Cathie Wood）的預測，AI 及深度學習在 2020 年產值 2 兆美元，可望於 2037 年成長到 30 兆美元。

其次是電動車。蔡明介指出，到 2040 年，全球電動車年產量將達 6000 萬台，「每台電動車的半導體元件包括馬達與電池控制、電源管

理、化合物半導體等，此外，自動駕駛需要感測器、AI 運算、5G、6G 通訊及車聯網，將是很大的成長機會。」

第三是元宇宙（Metaverse），分成實宇宙與虛宇宙兩部分。蔡明介說，包括 AR ／ VR 等各式各樣以半導體支援的電子設備組成的「實宇宙」，可望在 2040 年締造 5000 億美元產值；而由新世代的工作／社交／遊戲／消費／金融平台所架構起的「虛宇宙」，市場規模達 8.3 兆美元，其中 5.1 兆美元可望來自沉浸式體驗。

「如何提供使用者更好的體驗，是未來 IC 設計的挑戰與機會。」蔡明介表示，聯發科技的策略是，掌握運算、網路連結、多媒體的核心技術及 IP 智財權，再以 5G ／ 6G Modem、無線通訊 RF 及類比 IC ，加上軟體與系統，藉以提供更好的使用者體驗。

第四是量子運算。蔡明介說，「量子電腦的現狀，有如 1950 年代的 IC 半導體產業。」展望未來 25 年、30 年，成長可期。Google 執行長 Sundar Pichai 在 2021 年 7 月說，「AI 和量子計算，將在未來 25 年徹底改變世界。」蔡明介認為，量子運算將為半導體產業，從晶圓製造、IC 設計、封裝、到測試業，帶來很多機會。

1989 年旅美科技人回臺創業

「前人種樹，後人乘涼」，旺宏電子董事長吳敏求說，李國鼎先生的偉大，在於他為臺灣半導體產業建立了從無到有的良好基礎。在此基礎上，吳敏求 1989 年號召 40 多位旅美科技人士返臺並創辦旺宏電子，為臺灣最早推動自有品牌產品及技術的記憶體廠商，更是臺灣少數兼具 IC 設計、生產製造、封裝測試及行銷能力的 IC 整合元件製造（IDM）公司。吳敏求說，「一開始，臺灣的設計人才不足，因此旺宏就從大學與研究所找人才進行訓練，到 2010

旺宏電子董事長吳敏求

年時，已大量訓練了數千名工程師，以前瞻創新的精神，精進臺灣的 IC 設計產業。」

吳敏求率領旺宏電子成為世界級的非揮發性記憶體領導公司，榮獲 Electronic Business Asia 雜誌「亞洲最佳經理人」、美國電子買家新聞「全球 25 位創新企業總裁獎」，為唯一獲選之亞洲企業人士，並躍登富比士雜誌封面人物及榮獲臺灣電子與材料協會「傑出貢獻獎」等肯定。吳敏求創下業界紀錄，獲頒交通大學、成功大學及清華大學三校的名譽博士、中華民國科技管理學會院士及卓越領導之科技管理獎、安永企業家獎年度大獎、數位轉型鼎革獎、工研院院士、總統創新獎等榮耀。

「科技的發展要有遠見，否則無法與人競爭。」吳敏求率領旺宏電子，創業界先例，善用大數據、借力使力創造雙贏、推動第三類股上市、並以自有研發專利與技術實力逼退國際大廠惡性競爭，終於締造今日成績。吳敏求說，旺宏電子創立之初，為了與日本人競爭，首務就是工廠電腦化，1990 年聘用了很多統計學專家，結合半導體專業，可說是最早結合 AI 與大數據於晶圓製程的公司。

創業第一個十年，旺宏電子雖沒有充沛資金，但卻善用借力使力策略，讓業績快速成長。

其中一例是向正在興建八吋廠的台積公司提議，雙方成立「FABCO 合作案」，由台積公司出資購買設備放在旺宏，由旺宏為台積公司代工三年，降低台積公司建廠期間的風險。三年期間，旺宏將代工賺來的錢還清台積公司的設備費用，因而得以增加一萬片產能。

蕭萬長前副總統也親自參加了「李國鼎紀念論壇」，吳敏求推崇當年擔任經建會主委的蕭萬長，和時任經濟部長的江丙坤（1932～2018），「對臺灣推動第三類股上市，有很重要的貢獻。」1993 年吳敏求親自拜訪他們二位，努力說明高科技公司上市的重要性，當時尹啟銘擔任工業局局長，還特別找了產官學研界開會討論。終於，政府宣布開放第三類股票上市，讓許多科技公司得以從海外取得資金，挹注臺灣產業長程發展。

旺宏電子非常重視研發，歷年來已累積數量可觀的專利。吳敏求強調，在總經理盧志遠率領下，旺宏專利發展的里程碑表現優異。他強調，旺宏在美國國際貿易委員會（ITC）打贏了兩次官司，收到超過一億美元的補償金，證明臺灣絕對有能力產生世界級的專利。

大數據時代　記憶體前景燦爛

全球數位轉型加速，大數據成為潮流，吳敏求指出，從人工智慧、邊緣運算、5G、汽車電子等，都需要更多記憶體。Covid-19 疫情加速並擴大數位產品的需求，使全球數位化生活提早實現，並加速激勵記憶體市場的成長。此外，大數據洪流也帶給記憶體轉型的機會，從過去只負責儲存，進一步轉型成為同時具備協助運算的功能。因此，吳敏求認為半導體產業在記憶體方面，將有著非常燦爛的未來。

吳敏求認為，未來系統的發展將有兩大主軸，一方面是靠製程技術，從 5 奈米、3 奈米、

2 奈米一路向前跑，是相當昂貴的做法；另一方面，可以從技術和設計著手，加大系統頻寬。舉例而言，電動自駕車估計每天產生約 4TB 的大數據，雖然其中很多數據不一定有用，但一開始先要儲存，目前最大宗就是 DRAM 及 Flash 記憶體。

「當感測器越來越多以後，邊緣運算（Edge Computing）會變得非常重要」，吳敏求說，如果感測器從邊緣端蒐集進來的一大堆數據，可以先做些運算，最後「只把最重要的資料送回給 CPU 或 GPU，」這樣將可解決頻寬的瓶頸，而且也可以讓整個系統變得更快速。

吳敏求強調，「存算一體」的記憶體，是將來很重要的方向。如果記憶體可以成功轉型並發揮這樣的功能，很可能未來不必用那麼貴的製程，也許採用 14 奈米技術，就能夠做到與 3 奈米相當的功能。

變立體、可運算、存算一體

3D NAND Flash 及 3D NOR Flash，是記憶體產業兩大值得關注的主題。雖然目前 DRAM 仍是記憶體大宗，其次才是 NAND Flash，但吳敏求認為，未來結構變成立體的 3D NAND Flash 出來後，極可能成為主流。至於 NOR Flash，則因為有特定需求，所以還是會持續成長。

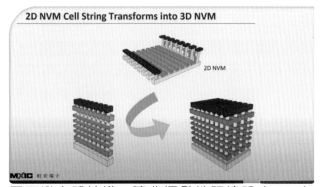

平面變立體結構，讓非揮發性記憶體（NVM）容量大增（來源：旺宏電子）

目前業界開發 3D NAND Flash 達 176 層，旺宏已開發出 48 層，並以相同概念，致力發展 3D NOR Flash。吳敏求說，3D NAND Flash 已切入快速固態硬碟（SSD）市場，已有廠商將週邊 CMOS 電路放在記憶體矩陣下方（CuA）以利縮小面積，未來可望走向 3D IC 異質整合，連接 3D NAND Flash 和 CMOS 晶片（3D IC with CMOS）做先進運算，至於未來量產的關鍵，要看設備商能不能做出好的設備。

據統計，旺宏 2020 年已是全球第二大車用 NOR Flash 晶片廠，產品成功打入一線車廠供應鏈，涵蓋娛樂、胎壓等各種車用控制系統，2021 年可望躍居全球第一。吳敏求說，2D NOR Flash 製程技術到 45 奈米已觸底，如今，正努力朝立體結構發展，研發 3D NOR Flash。

吳敏求指出，「NOR Flash 需求不會萎縮，而且 NOR Flash 的創新還會進一步擴大其應用範圍。」他透露旺宏創新的作法之一，是透過微型加熱器（Micro-Heater）減少元件損傷，提高耐用性。他指出，透過積極研發，旺宏已證明 3D NOR Flash 確實可以成為「可計算記憶體」（Computing Memory）。

「Flash 記憶體必須重視數位資訊安全，」吳敏求表示，使記憶體裝置更具安全性，防止數據遭到破壞的 Flash 安全技術固然重要，但更重要的是，如何與自駕車等系統公司展開合作，目前旺宏的 ArmorFlash 記憶體已和 NVIDIA 合作，以整合系統方案，成功打進自駕車運算平台供應鏈。

吳敏求說，記憶體產業的典範轉移正在發生。半導體記憶體在人工智慧的浪潮下，需求持續擴大，市場繼續成長。而大數據與人工智慧，對記憶體的需求與規格也變了。未來記憶體「不只是在幕後擔任資料儲存的角色，而且可以走向幕前和處理器一起協助運算，實現存算一體，成為主流的一部分。」

日月光半導體執行長吳田玉

過去兩年，新產品直接放量

吳田玉是日月光投控營運長、日月光半導體總經理暨執行長，同時也是環電執行長，他從美國加州矽谷以連線方式參加「李國鼎紀念論壇」。他說，雖然過去沒有機會聆聽李國鼎資政的教誨及教導，但臺灣 35 萬半導體從業人員飲水思源，將努力用成果來報答李資政「前人種樹、後人乘涼」的遠大胸襟。

吳田玉目前擔任全球半導體聯盟（GSA）及國際半導體產業協會（SEMI）執行董事。加入日月光之前，吳田玉服務於 IBM，負責管理美國區及歐洲區的研發、生產製造和亞太區的行銷業務。他在美國擁有 12 個專利並發表了超過 25 篇文獻。臺灣大學畢業後，吳田玉赴美取得賓州大學機械力學碩士、博士學位，2015 年獲美國 Binghamton 大學理學博士榮譽學位。

「新冠肺炎對半導體的長遠影響，可能遠遠超過我們的想像。」吳田玉以三座金字塔來形容過去半導體產業，量成長的兩個階段。第一階段，靠著創新為人類生活帶來新效率，基礎設施逐漸增加投資，由早期的使用者開始逐漸放量，真正放量的時間非常長，可能需要 3

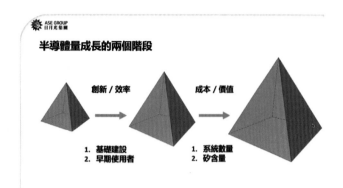

數十年來，半導體量成長的兩個階段，此波疫情卻直接跳躍放量（來源：日月光）

年，甚至 10 年；第二階段是大家較熟悉的，因為大量的資本支出投進產能，促使成本下降、產品性價比（CP 值）提高，推動系統產品數量增加，每個系統產品的矽含量也逐漸增加。

「過去兩年發生了一件很奇妙的事情，幾乎所有的新產品都沒有斷料的情形，而幾乎所有的舊產品都發生斷料的情形。」吳田玉說，過去幾十年來，半導體產業鏈透過彈性庫存調整、產能調整、雙源採購，及替代材料等作法，已建立起一套完整的系統來應對短期的供需失調。

然而，新冠肺炎疫情，顛覆了過去的模式。創新不需要經過基礎建設階段，就直接在現有成熟的基礎上放量，「放量不是因為成本降低，而是因為產生了新的價值，」吳田玉強調，這是一件非常特殊的事情。

創歷史紀錄　漲價、全面投資

受到新冠肺炎疫情影響，半導體產業創下「新價值、突發需求、漲價、全面投資」等四大歷史新紀錄。

首先，疫情使人們更重視健康，使半導體在健康及數位生活轉型產生突發性的新價值；其次，突發性需求在現有基礎建設上突然放量，

沒有時間準備，也無法預測；第三，短周期整個產業鏈所有層級的供需嚴重失衡，因此造成漲價。吳田玉強調，「這是有史以來第一次，半導體產業從頭到尾全面漲價。漲價的理由不是因為價值，而是因為斷料、嚴重的供需失調。」

第四，半導體產業在過去 18 個月全面增加投資及擴充產能，這樣全面投資的情形，歷史上絕無僅有。「除了 32 座新的晶圓廠興建中，聽說另外還有 53 座晶圓廠正在計畫中，」吳田玉說，且不論資料是否正確，所有的晶圓廠何時上線，這樣的全面性投資，對未來的量跟質，都會有相當的影響。

挑戰：五大質變

「通膨效應、區域政治、系統複雜化、綠色製造、人力資源」，吳田玉指出，這是半導體產業如今面對的五大質變。

「在過去歷史中，半導體產業從來沒有見過通膨效應。」吳田玉說，短周期的供需失衡造成通膨效應，嚴重的是它會增加非市場主導的投資誘因，而增加的產能可能為市場帶來新的變數。但他也保留地說，過去 18 個月產業新增的產能，也有可能仍無法應付疫情帶來的突發需求，或者新的健康價值需求再度增加，都讓人無法預料。

第二個質變，由於新冠肺炎造成太嚴重的供需失衡，放大了原本潛性的區域政治，引發連帶諸多新的投資及管控機制，造成人為的市場區隔化，這也是半導體在自由市場競爭下從未有過的現象。

第三個質變是系統複雜化。吳田玉指出，許多大廠因為漲價效應賺到很多現金，加上市場可能有人為的區隔化，因此大廠很容易用更

李國鼎科技發展基金會董事長暨中磊董事長王伯元、鈺創科技董事長盧超群 2021 年 11 月攝於「李國鼎故居」（攝影：李慧臻）

多資金、更多進入障礙，去研發更複雜的系統，並透過複雜的系統、更高的經濟效率及異質整合，來產生產品差異化。「如果這些事情發生放量，對於既有的垂直跟水平分工效率，會造成某種程度的挑戰，那麼產業合作及整合，一定會邁向新的里程碑。」

第四個質變，過去兩年在極端氣候下，全球對於零碳排放跟環境、社會和企業治理（ESG）的要求，突然間變成主流。吳田玉說，「綠色能源及零碳排，不管時間點如何，都會成為製造業跟半導體生態系統的新成本。」在此情形下，政府及企業對於綠能的規劃，將影響到全球產業鏈的布局，以及產業鏈夥伴的選擇及規劃。

第五個質變是人力資源問題。吳田玉指出，新冠肺炎疫情改變了人們上班工作的方式及對環境的需求。長遠來講，半導體產業人力資源有限將成新常態，如何利用人工智慧、分工合作、系統化、全面的機器自動化來面對不同市場的需求，將會是新的挑戰。

臺灣是半導體界的瑞士

談到量變，吳田玉指出，半導體產業未來短期必會經過一個價值及供需的調整，但臺灣占有非常好的優勢，產業定位清楚，商業夥伴多半著重於創新及高成長端，再加上所有客戶比較信任臺灣，「未來 3 到 5 年間，無論要經過如何的震盪及調整，臺灣的機會遠遠多於挑戰。」

目前看 2022 年產能還是非常緊，至於 2023 年，當新的晶圓廠挹注更多產能時，要看當時的市場價值及供需平衡。吳田玉說，他粗估了一下，即使未來 85 個新的晶圓廠全部營運，也還達不到 1 兆（Trillion）美元的標準，所以不必太擔心。

看長期量變發展，科技創新、經濟效益、連鎖反應、基礎建設、產能投資皆有脈絡可循，吳田玉認為，還是應該回歸到穩定持續成長（GDP Plus）及價值成本的基本競爭力。

「臺灣是半導體的瑞士，」吳田玉強調，臺灣半導體產業擁有「市場定位清楚、分工合作、永續發展、客戶信任」四大優勢，除了服務以外與世無爭，所以「任何新的量變或質變，對我們來講都是機會大於挑戰。」

臺灣半導體產業的群聚效應一直為客戶稱道，未來因應新興市場及面對新挑戰，「可以一起考慮從 Taiwan Cluster 1.0 邁進到 Cluster 2.0。」吳田玉說，臺灣半導體產業面對新興區塊及 IDM2.0 等商業模式的新挑戰時，自當謙實以待，要了解挑戰的本質，超前部署。

「創新價值仍是主流，」探討半導體在質與量產生的微妙變化，吳田玉認為，在合作、整體設計、管理、數據上，都必須從全球終端系統市場，及供應鏈商業夥伴的宏觀面，反推自我的定位。吳田玉認為，「只有把目標放在尋求整體價值極大化，才真正能贏得長遠的勝

利。」

「心不自心，因境故心，境不自境，因心故境。」吳田玉以佛經提醒，「我們的看法、想法、思維，跟作為，會影響我們的境，境又會影響我們的心。」他感恩前輩高瞻遠矚、篳路藍縷的努力及犧牲，為臺灣開拓出如今在世界佔有樞紐地位的半導體產業。吳田玉說，接下來的競爭將更嚴峻，傳承任務更複雜，「我們這一代人承受著前人種樹，後人乘涼的恩澤，責無旁貸，我們也有責任打造一個好的舞臺，傳承下去。」

論壇精彩問答

吳田玉提問：地緣政治的影響，台積公司首當其衝，面對未來發展，業界以台積的動向馬首是瞻。美國、中國、歐盟的地緣政治對臺灣半導體的影響在哪裡？臺灣業者的態度、思維上必須做哪些修正？

劉德音表示，「誠信，是應對地緣政治最好的方法。」他指出，對台積公司來講，如果要應付各國政府，將是治絲益棼，越弄越複雜。他強調，「以客戶為中心，客戶在哪裡，客戶的擔心在哪裡，要確保客戶未來發展的顧慮比較小。以客戶為導向來做我們投資的決定，是我們最主要的方針。」

蔡明介補充說，應對地緣政治，實務面就是遵守法規跟加強公司治理，此外，就是「在產品及客戶選擇上，注意多樣化。」

蔡明介提問：旺宏是 IDM 的角色，未來記憶體的新技術，例如存算一體（Computing in Memory），或記憶體與邏輯 IC 的整合，將如何增加臺灣在全球半導體記憶體市場的市佔率及地位？

「做記憶體的基本條件就是品質，」吳敏求表示，唯有好品質，才有機會與國際大廠合作。旺宏經過 32 年努力，如今品質確實比競爭者，甚至包括以前的 AMD 及 Intel，都要好很多，因此在強調高品質記憶體的應用，例如醫療、汽車市場，高品質與長壽命是兩個先決條件，旺宏幾乎稱霸市場。

「往後的發展，記憶體一定是從應用來驅動，不再是做標準品，」吳敏求強調，旺宏推出系統內化記憶體（system in memory）的概念，希望以這樣的技術方案支持邏輯 IC 業者提升競爭力，「透過我們的技術方案來增加對方的競爭力，他才會跟我們合作，這將是我們做記憶體的長期發展主軸。」

劉德音提醒，記憶體大廠美光（Micron）的技術已超越三星，「Micron 在臺灣生產，這是一個新的局面。」他建議大家應該找機會展開同業合作。

劉德音提問：過去在電腦和智慧型手機，都有被定義好的規格可以遵循，受限於臺灣沒有系統級的公司，聯發科技如何在這樣的限制下，找到新應用的規格？

蔡明介說，的確，PC 是 Microsoft 跟 Intel 制定標準，智慧型手機是 Andorid 作業系統，CPU 以 Arm 為大宗，生態系相對開放一點。臺灣從 PC 時期累積下來的 ODM 實力很強，每家業者各具優勢；「展望未來，採用 Arm 或 RISC-V 作為 CPU，會越來越打破獨大的局面，不會被固化在一個標準上。」

「半導體產業是國際性的，無論是美國、日本，或歐洲，都應該更寬廣地去合作。我看臺灣現在很多新的小型 IC 設計公司，專注在特定領域，客戶已經不是只靠臺灣，就這個角度看，臺灣從 PC、消費性產品，到各式不同應用，已展現產品的多樣性。」

「以聯發科技的例子，我們做標準型系統單晶片（SoC）跟特定應用標準產品（ASSP），

台積公司董事長劉德音分享半導體之美，提醒有效產能才是致勝關鍵

累積了許多矽智財（IP），也針對國際一級大廠客戶，以及設計服務業者，提供特定應用 IC（ASIC）的解決方案。」

潘文淵文教基金會董事長暨清大科技管理研究所講座教授史欽泰表示，自己當年到美國留學時，美國東岸最強的研究機構包括 Bell Labs，IBM，RCA，暑假時指導教授介紹他到研究實驗室去實習，「對我後來的影響很大。」他提問，針對人才不足，企業將如何與學校更緊密合作？對國內新成立的半導體學院，有哪些期待？

劉德音說，兩年前，SEMI 與 TSIA 到總統府提出兩項建議，一是發現臺灣的 PHD 博士生不太知道如何做研究（Research），指導教授給的任務大多偏向發展（Development），不像國外唸 PHD 時，教授從來不告訴你要做什麼，都是要你自己去想，教授如果不同意，就再回去想，直到想出來做什麼為止；其二是臺灣的教授薪水比照公務員，香港、上海、新加坡相較之下，是臺灣的兩倍、三倍、甚至五倍，如此將嚴重扼殺臺灣學術界延攬才華洋溢的教授。

「半導體學院的精神就是打破大學法的限制，我們希望半導體學院培養出一些能夠做研究的人才。」劉德音指出，「半導體缺三類人才，分別是工程師、技術員，及研究人員。」工程師的需求有產學合作，已請教育部開放學生名額；技術員的部分，台積公司甚至建了晶圓廠，讓技職學校的人才能夠學習、上線，是不同的培養方式。劉德音也點出攻讀博士生的辛苦，「台積公司暫時的作法是給獎學金。讓博士生能夠結婚、甚至有一個小孩子，生活還過得去。」

「好的老師、好的學生、好的題目」，吳田玉說，這是他和成功大學蘇慧貞校長討論，所提出對半導體學院的三個需求。他強調，好的老師比好的學生更重要，因為好的老師會精益求精，自己會去找好的學生，這個棋就活了，就源源不斷。

「日月光在自動化深耕多年，現有 21 座自動化工廠，每天收集非常多大數據，所有的軟體資料都是花了十幾年累積出來的。針對大數據演算法，無論是外購或自己研發，我總覺得不夠。未來真正到異質整合的時候，我們的演算法必須往前更快一步。」

吳田玉說，他建議蘇慧貞校長從美國延聘學有專精、專門做演算法的教授到成大半導體學院，讓日月光以現有基礎，直接與這位教授溝通，希望在日月光出部分資金的情況下，聘僱幾個好學生，直接跟研發人員互動，了解日月光目前的基礎，並透過教授在學術界的連結與網絡，幫助日月光掌握演算法和大數據解析的奧妙。

「如果面臨的問題別人輕易能解，那你就

不是世界尖端；一旦你已經走到世界尖端，就要面對走在尖端的痛。」吳田玉強調，「半導體學院如果能了解企業的痛，並配合每一家企業，在既有基礎下，找到對的教授，加上對的題目，自然會找到對的學生。」「如果這些事情能擴散出去，我覺得半導體學院真的是大有可為。」

劉德音提問指出，臺灣半導體業最有價值的是產業鏈，他認為吳田玉演講時建議的產業鏈Cluster2.0很好，希望再多描述一點方向。

吳田玉說，他提出臺灣產業鏈合作新模式Cluster2.0的原因有二，一是未來十年人才不夠將成常態，二是面對IDM2.0，以及中國重新建立生態系統所帶來的新挑戰。

「舉兩個例子。第一，台積公司的主場與競爭價值是在電晶體、晶圓、IP，在資源有限的前提下，是不是還要將封裝測試無限延伸？旺宏的主場在快閃記憶體的角色擴張，當旺宏想整合記憶體與IC時，在封裝測試、在材料，業界有什麼地方可以幫他的忙？」

「疫情以來的18個月，臺灣大贏。因為我們產業鏈大家抱在一起，展現我們中間的彈性調整及效益。但也因此，臺灣受到全世界關注，這樣的關注是好？還是壞？要5年以後才看得出來。面對未來的願景，我非常開心，同時也憂心忡忡。」

「我覺得新的挑戰、新的區塊、新的區域政治，會強迫我們做某種程度的合作跟整合，目前我能想到的是，我可以幫台積公司、旺宏電子、聯發科技做什麼，我覺得我們應該改變，至於如何改變，真的是要看我們這一代經營者的智慧跟胸襟。」「思維方式要照吳敏求董事長講的，我們必須用更大的格局，從終端市場反過來看臺灣的定位。」

蔡明介提問：雖然這一次產業因為AI、5G、IoT，市場的確產生很強的需求，但盛宴不可能不停止，在TSMC、三星、Intel、TI，以及國際IDM廠大手筆的資本支出下，產能平衡到底是什麼時候？

劉德音回答說，「台積的資本支出絕對是真的，其他公司我完全沒有把握。」他表示，「尤其在區域政治下，各公司和各區域提出的數字，我都非常懷疑。」

劉德音指出迷思，強調重點要看有效產能（effective capacity），而不是單純只看產能多少。「產能不夠時大家都滿，等到產能夠時就會水落石出，到時技術領先者的訂單還是爆滿，但技術落後的公司就會石出。」

「台積公司成熟製程有80%都是特殊技術，所以，無論有多少政府補貼或大財主投資，沒有技術者只能做當地政府補助的生意。」

劉德音強調，即使是成熟製程，也都要比技術，每兩年就要進步一關，「這就是半導體之美。」

虛擬垂直整合　產業鏈Cluster 2.0

宏碁集團創辦人施振榮提出「虛擬垂直整合」的觀念，呼應吳田玉提出的產業鏈Cluster 2.0，「我個人認為只有垂直分工才是有效。虛擬，就是有實無名、具體且有效。」

「如果未來臺灣在產業鏈中，慢慢實踐出一個虛擬垂直整合的文化，那麼全世界都下單給臺灣廠商就可以了，原因是可靠！」「這樣一個新的生態，長期來講不一定要掌握到最後面的品牌商的需求，由於我們很可靠，客戶下一張訂單，臺灣就可以從頭到尾搞定，這是未來我們希望要建立的能力。」施振榮說，臺灣的供應鏈是花了幾十年慢慢做出來的，所以，

「虛擬垂直整合」也不是用講的，而是要真正地做出來。

劉德音認為施振榮提出的方向非常好，他表示，台積的系統客戶為智慧手機的幾千個零組件找供應商，是放眼全世界去找的，「我覺得臺灣是有可能做，但臺灣的人才政策必須更開放才行。」他舉半導體最大的微影設備商ASML為例，該公司總部位於荷蘭，卻採用了全世界80幾個國家的人才，打造出最尖端的系統設備。劉德音強調，「臺灣必須打開眼界，用別人的人才，或者讓全世界的人才到臺灣來，這是很重要的。」

吳敏求表示，施振榮的建議其實產業也都在做，但唯一的問題在於我們證明了可以幫人家解決問題，但同仁及臺灣的同胞，都只拿到很低的薪水，這個是需要改變的。他強調，「我們要透過合作，把臺灣的價值鏈變成有價值，這才是大家應該要努力的地方。」

教育政策問題　從高中開始

中華語文教育促進協會秘書長段心儀提出，108課綱之後，自然學科在高中三年只有八個學分，老師們連電學、電磁學都來不及教，學生就去參加學測。她呼籲產業界在探討人才問題時，也要關注高中教育已經出問題。

盧超群表示，「我們完全承認，現在教育改革要從高中的STEM開始，半導體人才的確要從高中就開始培養。」「這個問題我們已經反應過，可能還要再講才有用。」

劉德音說，「我沒辦法改變教育，除了半導體學院是長期計劃外，短期唯一的方法是我們自己要改變，關鍵就是數位轉型。」劉德音指出，數位轉型不只在半導體，在臺灣各行各業的機會都非常大，是解決人才問題的一個方向。

蔡明介表示，以前臺灣從後面追趕，所以研究做得少，比較偏重發展。過去5到10年開始重視人才的研究能力，現在則以產學合作及企業短期聘僱的作法，提早接觸並延攬人才。對於高中課綱的問題，是因為聽到臺大電機資訊學院張耀文院長在反應，的確聽起來覺得很不可思議。他說，「這個題目的確蠻大的，本來是不想講，既然我們都講這麼多了，就是要靠教育政策去改變。如果不去改變，那我們真的也沒辦法，要不然就盡量引進國外人力，或者，我們在國際上也有一些據點，那就該去哪裡，我們就是要去了。」

飲水思源，事在人為

盧超群以「飲水思源，事在人為」作為論壇的結論，他說，很佩服李國鼎資政，他不只了解物理，包括經濟、科技、金融、創投、六倫，他什麼都懂，然後也去推動，才能讓臺灣從無到有，如今在全球半導體產業占有重要地位。

「李國鼎科技發展基金會在王伯元董事長帶領下，讓大家在論壇上齊聚並熱誠地紀念李國鼎先生。李資政有個重要特質，就是知道問題立刻解決，他如果知道今天這個問題，他會衝到各處去解決。」

盧超群感性表示，透過此次論壇讓大家有了很好的交流，也聽到很多問題，以後要怎麼追蹤，「讓我更想念李資政解決問題的那種迫切性、直接性、有效性。」

他建議大家好好讀一讀李國鼎科技發展基金會出版的李國鼎紀念論壇專刊「臺灣半導體，世紀新布局」，並呼籲大家集結力量，想辦法在適當的時候一起攜手，解決產業面臨的問題。

Wa-People

從 EDA 轉型 SDA
加快智慧系統設計戰略奏功

文：王麗娟　圖：Cadence

> Cadence 加快「智慧系統設計」的戰略相當成功，支持 IC 晶片、印刷電路板及各種電子系統產品開發，從手機、行動產品、消費性電子、超大型運算、5G、汽車、航太、工業到健康醫療領域，客戶廣布全球。2021 年業績表現亮麗，達 29.88 億美元。

2021 持續傳來好消息！

2021 年 11 月 11 日，Cadence 與台積電在 3 奈米（N3）和 4 奈米（N4）製程技術合作上，傳來好消息。Cadence 數位、客製與類比流程取得台積電最新 3 奈米和 4 奈米製程認證，雙方共同客戶，可採用 N3 和 N4 流程製程設計套件（PDK）進行設計，以加速行動、人工智慧和超大規模運算的創新，而且已有客戶通過成功流片（tapeout），實際驗證了 Cadence 流程和台積電製程技術的優勢。

Cadence 資深副總裁暨數位與簽核事業群總經理滕晉慶（Chin-Chi Teng）強調，「利用台積電的 N3 和 N4 製程技術以及 Cadence 的數位流程和客製／模擬流程，協助客戶創建具有競爭力的設計。」

2021 年 11 月 23 日，滕晉慶又親自為客戶介紹兩款新產品。其一是用於設計「智慧晶片」的 Cerebrus，第二款新產品則是業界首款應用在「多顆小晶片」設計及先進封裝技術的 Integrity 3D-IC 平台。

緊接著，台積電也和 Cadence 共同邀請客戶採用 Cadence 的 Integrity 3D-IC 平台，以及台積電的 3D Fabric 技術，來創建超大規模的電腦運算、行動通訊，以及汽車應用。

Cadence 資深副總裁暨數位與簽核事業群總經理滕晉慶（Chin-Chi Teng）

EDA 到 SDA，自我轉型

回顧 2019 年，Cadence 宣布轉型，推出新的核心策略「智慧系統設計」，並將 Intelligent System Design 註冊為商標，宣示公司從電子設計自動化（EDA）轉型為系統設計自動化（SDA）的決心。2021 年 10 月，Cadence 年度技術論壇 CadenceLIVE，可以看出該公司策略性轉型三年後的重要成果，吸引市場高度關注。

Cadence 認為，透過該公司多年來在 EDA

2021 年 11 月好消息！Cadence 數位、客製與類比流程取得台積電最新 3 奈米和 4 奈米製程認證

領域累積的實力以及電腦運算技術，完全可以應用於系統創新，以及機器學習、人工智慧（AI）等新領域，希望透過自我轉型，將公司的潛在市場總額（TAM）成長三倍，從 100 億

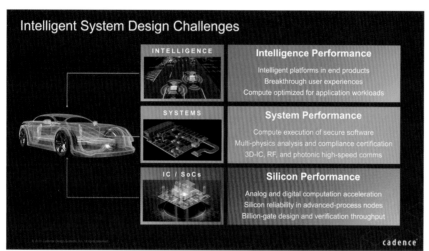

以電動車為例，「智慧系統設計」的三大挑戰分別來自晶片、系統與智能設計三層

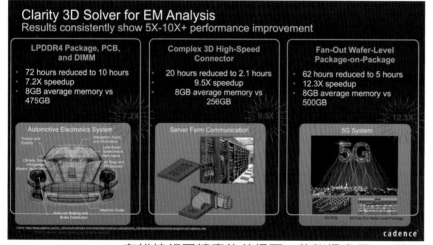

Clarity 3D Solver 在維持相同精度的前提下，效能提升了 10 倍，獲市場矚目

美元擴大到 300 億美元。

「智慧系統設計」三大挑戰

「智慧系統設計」的三大挑戰分別來自晶片、系統與智能設計三層。以電動車為例，第一層，包含動力系統、照明系統、安全駕駛控制等，各種晶片決定了汽車的性能。如今一部先進的電動智能汽車，晶片數量已多達 1,400 多個；第二層，系統設計整合了成千上萬個電子元件與機械元件，為了汽車安全、省油、必須做結構力學、流體力學、電磁干擾等分析，才能成為一套完善的運作系統。

第三層是智能設計，每輛自動駕駛的智能汽車啟動後，每天將產生超過 1TB 的數據資料，這些數據必須透過雲端或邊緣快速運算、分析，以改善汽車行進的安全性，或提高駕駛的舒適性。

除了電動車，5G 手機是另一個「智慧系統設計」的例子，而類似的「系統創新」還將不斷推出，呈現在生活周遭。

自主創新加併購多管齊下

以「智慧系統設計」為策略，Cadence 從 EDA 轉型到 SDA，為了協助客戶加快實現「系統創新」，一方面積極延聘優秀人才、大手筆投資自主開發新產品，另一方面也透過併購技術卓越的公司，強化服務能量。

Cadence 研發副總裁 Ben Gu 表示，2019 年，Cadence 成立一個新部門，多物理場仿真事業部（Multiphysics System Analysis BU）。幾年下來，在自主創新方面，Cadence 推出了 Clarity、Celsius、Sigrity X 等產品。

併購方面，2020 年 Cadence 收購了 AWR 和 Integrand 兩家公司，強化 5G 無線通訊及 RF 的創新。AWR 是在無線通訊射頻模組（ RF module）的佼佼者；Integrand 公司的 EMX 則是電磁場模擬工具界的金童。2021 年，在流體力

Cadence 研發副總裁 Ben Gu

學方面，Cadence 併購了 Numeca 和 Pointwise 這兩家公司，更強力展現進入系統創新的雄心。

十倍速創新

Sigrity 是訊號完整性（SI）和電源完整性（PI）分析的領先者，2012 年透過併購 Sigrity 加入 Cadence 陣營，成為極受歡迎的產品。過去一、兩年，隨著設計的複雜度提高，Cadence 收到許多客戶反映，希望能夠加快 Sigrity 的分析效能與速度。

Cadence 的研發團隊展開一場自主創新，在維持 Sigrity 最精粹的演算法不變的前提下，在電腦運算方面，找到一個神解法！透過將設計分切成很多區段，使用許多小的電腦節點來負責任務，同時讓這些電腦區互相通訊，以保證模擬的精準度。

透過這種大規模分佈式仿真技術，進行兼顧電源影響的信號完整性分析。Sigrity X 可提供仿真速度和設計處理量高達 10 倍的性能，而且絲毫不會影響任何精準度。

自 2021 年推出 Sigrity X 以來，Cadence 已經獲得聯發科（MediaTek）、三星（Samsung）、瑞薩（Renesas）、H3C Semiconductor 等客戶的背書與肯定。

聯發科（MediaTek）資深處長楊亞倫（Aaron Yang）表示，「新一代 Sigrity 展現成果不僅可用相同的精度將許多設計的分析速度提高 10 倍，而且還能擴展到過去無法分析的更大、更複雜的設計中，幫助我們省去好幾個禮拜的設計週期，並加快產品交付速度。」

瑞薩（Renesas）物聯網和基礎設施事業部的 Tamio Nagano 指出，「新一代 Sigrity 2021 讓我們的 IC 封裝簽核的重要流程，得到了顯著改善。過去要花費一天多時間才能完成的仿真，現在只要短短幾小時就能完成。很興奮採用此新技術於量產設計，並達到 10 倍效能精準。」

此外，Cadence 也以 Clarity 3D Solver，在 5G、汽車、高性能計算（HPC）和機器學習（ML）等系統上，協助客戶克服高複雜電磁（EM）仿真的挑戰。Clarity 3D Solver 採取和 Sigrity X 一樣的作法，將整個設計切成若干區塊，用很多小的計算節點來進行仿真，效能比傳統快 10 倍，同時維持著相同精度。自 2019 年發布以來，已經和 PCB、3D 高速連接器，以及晶圓級封裝等客戶展開密切合作。

如今，Cadence 在不同物理場，已擁有相當堅強的產品陣容。在電熱混仿（Electro-thermal）分析有 Voltus、Celsius；電磁場（Electro-magnetics）分析有 Clarity、Sigrity X、EMX/AXIEM；流理力學（CFD）分析則有 Numeca 以及 Pointwise。

Ben Gu 強調，為了支持客戶的「智慧系統設計」，Cadence 自主研發創新及併購的努力不會停歇，「系統創新」的腳步將持續向前邁進！

Wa-People

旺宏教育基金會深耕科普 20 年有成，獲頒教育部社會教育貢獻獎榮耀

旺宏金矽獎 22 年
影響台灣人才培育百年

　　2021 年，旺宏金矽獎已邁入第 22 屆，累積頒發的獎金超過新台幣 7,550 萬元，曾經參與過的師生逾 16,500 人次。這個數字，除了代表金矽獎的影響力，更象徵上萬名創新種子持續在全球各地萌芽綻放。金矽獎因此也獲得「台灣電子電機奧斯卡金像獎」的美譽！

　　科技部前部長陳良基過去於台大任教時，從第一屆金矽獎即開始參賽，曾帶領近 50 隊同學參加。他表示，「旺宏金矽獎本身平台的設計，就已經是引導國內的研究跟創新的方向！金矽獎提供全臺灣優秀學生華山論劍的最佳平台，同學們透過參賽，能培養到業界工作的即戰能力，視野也會更加寬闊。」

　　有別於其他同類型科技競賽多為公司招募人才或取得對作品的專利優先權。旺宏金矽獎皆無此綁約限制，為培育台灣科技人才無私奉獻。歷年參賽同學，有些已成為大學教授，獻身教育界繼續為台灣培育科技人才，且薪火相傳指導學生參賽金矽獎；有些進入台灣半導體

旺宏教育基金會深耕科普20年
不忘初心 堅持創新

文：張宜如　　圖：旺宏教育基金會

那一年，12/24 平安夜…

就讀臺大電子所的林承鴻，為了在「旺宏金矽獎」截止報名前趕出參賽作品，竟然誤了和女朋友的約會，結果當然就被女友「當掉」了！但他這股研究的熱忱並未因此停歇，一直延續到現在，他已是元智大學電機系副教授，仍然持續帶著他的學生連續參賽了10次。

為什麼會這麼熱衷？他說，因為金矽獎就是國內電子電機科系學生在畢業前檢視自己能力的最佳舞台，和各方武林高手較勁，才會知道自己是否具備足夠的功力進入職場。

金矽獎頒獎貴賓中研院李遠哲院士（右）體驗崑山科技大學團隊「仿生機械義肢」的靈活操控

研究中心、工研院、中科院等研發機構，成為優秀的研發人員；有些進入業界，成為科技公司的傑出工程師。陽明交通大學電機系教授陳科宏即肯定：「旺宏金矽獎對培育台灣半導體人才有百年的影響！」

旺宏教育基金會
戮力推動知識工程計畫

旺宏金矽獎被視為引導台灣半導體研究風潮的標竿獎項，是國內規模最大、歷史最悠久、獎金最高的半導體競賽。金矽獎的設立，要追

溯至20多年前，那時旺宏電子洞察台灣高科技產業發展的核心為「人才」，要維持科技競爭力，人才絕對是關鍵。因此，2000年創辦了旺宏金矽獎，接著於2001年捐助成立「財團法人旺宏教育基金會」，每年約投注新台幣2,000多萬元，針對不同年齡學子及教育工作者，持續推動「希望未來-知識工程計畫」，以制度化、系統化的方式，深耕培育在地科技人才並鼓勵創新，為台灣經濟命脈發展注入新血。

被喻為高中諾貝爾獎的旺宏科學獎邁入 20 週年里程碑

肩負培育台灣科技人才使命,基金會深耕科普 20 年,豐碩成果屢獲肯定,包括首次參與評鑑便榮獲教育部評選為最佳成績之「特優」,基金會吳敏求董事長亦榮獲教育部社會教育貢獻獎(個人組),基金會去年也再獲頒社會教育貢獻獎(團體組),皆由教育部潘文忠部長親自授獎。

高中諾貝爾獎
「旺宏科學獎」改變孩子的一生

繼旺宏金矽獎之後,為了讓科學教育向下扎根,基金會於 2002 年創辦「旺宏科學獎」,鼓勵高中生探索科學的精神並激發創造發明的潛力,培養學生靈活思考與多元學習。從第一屆 189 支參賽隊伍,成長到第二十屆的 655 隊。全國已有超過一半學校曾經參與競賽,累計逾 20,000 名師生在「旺宏科學獎」中開心完賽。科學獎連續舉辦 20 年,每屆頒發之獎學金約新台幣 500 萬元,目前已累積頒發近一億元。由於影響層面廣泛,因此被喻為「高中的諾貝爾獎」。

大學推甄入試金鑰
在科學舞台培養自信

2021 年是科學獎創辦 20 週年,獲得「指導老師特殊貢獻獎」的高雄女中林孝正老師在頒獎典禮上分享,他指導的一位學生,父親出去捕魚後就再也沒有返家,因為家境經濟拮据,林老師把入圍科學獎決賽的兩萬元補助金全拿來幫助這位孩子,讓學生從英文檢定兩次都是 C,到最後可以參加國際比賽,用英文向外國評審簡報,甚至還可以擔任科教館解說員,並考上了台科大,改變了孩子的一生。

基金會 20 年來幫助了不少偏鄉和弱勢的孩子,讓他們在科學的舞台上找到自信,也因為這麼多年的耕耘,頂尖大學陸續將科學獎列入特殊選材的管道,讓這些孩子們可以因此至心目中的理想大學就讀,包括台大數學系、森林

基金會吳敏求董事長參觀科學獎獲獎同學作品

人脈。許多已經為人父母的會員們甚至都帶著子女回來這個大家庭團聚。

此外，旺宏教育基金會自 2015 年起，為推廣高中職學生科學知識閱讀風氣，每年皆舉辦「閱讀科學找樂子」活動，提供獎學金予高中職老師，由老師設計科學閱讀創意方案，邀請學生參與，從台北到台東，甚至離島金門、澎湖都有學校參與，累計參與學生人數已近 19,000 人次，成功帶動全台科普閱讀風氣。2017 年，基金會更開始針對高中教師舉辦「旺宏科學教師研習營」，以讓科學教育的推廣經驗能傳承及分享予更多熱心的老師。每年皆吸引全台近百位教師參與活動。

旺宏教育基金會每年更邀集不同的台灣新銳藝術家創作藝術獎座，以持續培植在地年輕

系、清大物理系和成大數學系，都特別將旺宏科學獎列為特殊選才的條件之一。歷屆獲獎人中有許多皆是透過特殊選才或繁星計畫進入心目中的理想頂尖大學或科系，更有因獲獎順利申請至海外就讀，如美國哈佛（Harvard）、麻省理工學院（MIT）、耶魯（Yale）、康乃爾（Cornell）、法國索邦（SORBONNE） 等大學。

「科學獎聯誼會」
無價的終身科學社群人脈

而為了讓科學獎得獎同學延續科學研究之路，旺宏教育基金會於 2004 年成立「旺宏科學獎聯誼會」，每屆入圍決賽且獲獎同學為當然會員，目前會員已達 364 人。「旺宏科學獎聯誼會」每年舉辦年會活動，安排不同領域的重量級大師進行人文、科學演講，以及進行各項自然與科學探索活動，皆由基金會贊助，帶領會員們以輕鬆、活潑、愉快的方式探索生活、追求新知，協助青年科學人才進行經驗交流與知識傳承，成為彼此一輩子的科學

「科學獎聯誼會」讓得獎同學獲得無價的終身科學社群人脈

藝術家，已和超過 20 位藝術家合作，每年贊助金額約新台幣一百萬元，累計已逾一千五百萬元。基金會支持台灣文化藝術產業，亦獲得文化部第 15 屆「文馨獎」肯定。（本文作者為旺宏教育基金會執行長／旺宏電子企業關係室處長）

Wa-People

第 16 屆「盛群盃 HOLTEK MCU 創意大賽」，中原大學獲創意產品設計組金牌、國立虎尾科技大學獲 32 位元 MCU 應用組金牌、南臺科技大學獲 8 位元 MCU 應用組金牌，由盛群半導體執行副總經理張治（中）頒獎（盛群／提供）

相較於中央處理器（CPU）是電腦及筆電系統控制的心臟，微控制器（MCU）應用於各式各樣電子產品作為控制核心，有如發號施令的大腦與指揮中心。盛群半導體（HOLTEK）專注MCU 及周邊元件開發，1998 年成立以來，不斷致力新產品研發及創新，營運穩定成長，2021年營業額創下歷史新高達新台幣 71.28 億元，每股獲利 9.04 元。

培育產業人才近六千人

盛群半導體執行副總經理張治表示，MCU應用面很廣，為了鼓勵大家投入開發，盛群早期先將 MCU 及開發工具，送給學校並成立實驗室。三年後，為了促進交流觀摩，因此決定開始舉辦「盛群盃 HOLTEK MCU 創意大賽」。

第 16 屆「盛群盃 HOLTEK MCU 創意大賽」總獎金近新臺幣九十萬元。「創意產品設計組」金牌得主為中原大學、銀牌與銅牌由大同大學囊括；「8-bit MCU 應用組」由南臺科技大學摘金，國立高雄科技大學獲得銀牌，國立虎尾科技大學獲得銅牌；「32-bit MCU 應用組」由國立虎尾科技大學贏得金牌與銅牌，銀牌由國立屏東科技大學獲得。回顧當年合作的學校，從五所、十所開始，如今已達三十多所。2021年12 月 25 日這天，國內各大學院校參加第 16 屆「盛群盃 HOLTEK MCU 創意大賽」的隊伍已超過 100 支。統計歷年來，盛群盃這個由產官學

第 16 屆盛群盃
培養跨領域人才
看見創新大未來

文：王麗娟、王瑞璋　圖：李慧臻

第 16 屆「盛群盃 HOLTEK MCU 創意大賽」於 2021 年 12 月 25 日於南臺科技大學舉行，來自全國各大專院校超過 100 支參賽隊伍，在此展現研發創意與團隊合作的成績。

盛群半導體執行副總經理張治是推動盛群盃競賽的靈魂人物

界合作搭建的創意競賽舞台，已為電子產業培養近六千名優秀人才。

模組化，加快開發速度

「感謝經濟部工業局、教育部及自行車研發中心的支持，還有各校熱心指導老師與校長的協助，加上欣宏電子、安富利科技、優方科技等產業夥伴提供各式零組件與獎項，激發參賽同學展現更多創意巧思，也讓作品更加多元化。」

張治表示，近年來，隨著 MCU 製程技術演進，盛群也逐漸投入周邊 IC 元件的發展。為了協助開發者加快新產品的開發時間，同時降低技術門檻，盛群以多年經驗，整合 MCU 與周邊

控制元件，推出品質穩定、達工業等級的模組與技術平台。

2016 年盛群成立子公司倍創科技，以電商通路的新型態，進一步推廣溫濕度感測器、 氣體偵測器、 環境感測器、 紅外線感應器、 震動感應模組、指紋辨識模組、 霧化器模組、

LED 模組、 無線通訊模組，搭配盛群 8 位元 MCU、32 位元 MCU 及周邊 IC 的新應用。

強化跨領域合作

張治以數位相機的發展史，強調跨領域合作的重要。他指出，「數位相機剛開始有兩路人馬積極搶進。一路是原來做 PC 的人，一路是原來做傳統相機的人。如今，市場贏家是原來做相機的人。」因為他們懂得利用並整合別人的專業，在功能上、外觀造型上，體察客戶的需要，終於取得佳績。

盛群開發模組、加上倍創透過電商通路銷售，大大降低技術門檻並加快新產品開發時間。盛群一家大陸家電客戶，是二、三十歲的年輕人創業，沒有電子專業背景，強項是造型與工業設計，靠著定義產品功能及人機介面，在電子控制部分找專業人士配合，打造出高質感產品，生產數量不大，但售價很好，也找到生存空間。

「2022 年開始，盛群盃將強力推廣跨領域合作，」張治強調，跨領域的溝通與團隊合作很不容易，而且需要練習。目前盛群在全國各大學設有 20 幾個實驗室，未來希望在電子、資訊科系外，也能有多一點機械、工業設計、音樂、語言等跨領域人才投入，特別希望找到有意願的老師合作，一起讓學生能有多點機會練習跨領域的團隊溝通。

虎尾科大：一金二銅成績斐然

國立虎尾科技大學電資學院院長許永和，從 2005 年盛群盃一開始舉辦，就帶著學生參賽。他感謝盛群很早就捐贈實驗室給學校，提供願意動手做的學生，很好的環境與資源。如今學校已將微控制器的課程列為必修，學生可

盛群盃金牌教練，國立虎尾科技大學電資學院院長許永和從第一屆盛群盃開始就帶著學生參賽

以把考證照及參加盛群盃競賽當成學習目標。許永和期許技職體系的學生，畢業就擁有「即戰力」，他認為盛群盃正好可以訓練學生，無縫接軌產業需求。

許永和從學生大二就開始帶寒訓，他希望自己的學生在大學畢業前至少能參加兩次盛群盃，培養獨立解決問題的能力，以及團隊合作精神。他認為這樣的過程跟歷練，對學生找工作非常加分。許永和還說，除了舉辦盛群盃競賽，盛群每年還投入人力物力，在臺灣北、中、南舉辦教育訓練課程，態度嚴謹，讓他特別感動！

第 16 屆盛群盃競賽，虎科大參賽隊伍以光電系跟資工系為主。決賽這天，三台巴士一大早六點多就從雲林虎尾出發，來到南臺科大參加決賽，拿下「32 位元 MCU 應用組」一金一銅大獎，及「8 位元 MCU 應用組」銅牌獎，此外，還獲得「無線創意應用獎」，以及「智慧電子產業創新應用獎」等獎項，成績斐然。

針對盛群把 MCU 整合成模組，加快學生學習及應用的速度，許永和給予高度肯定。他鼓勵學生參賽時多看別人的作品與創意，透過比

南臺科技大學副校長張鴻德，主張做中學，並提出箍桶式課程

盛群盃金牌教練，南臺科技大學電子工程系主任余兆棠看著學生透過參賽建立起自信心

賽累積技術跟眼界。「老師是自己的品牌，是良心事業，」許永和説，「盛群給我們這麼好的平臺，老師能夠培養好一點的學生，就是未來臺灣的希望。」對於應用趨勢，許永和表示，很多青農回雲林工作，未來將 MCU 用於物聯網支持智慧農業，應該是很好的方向。

南臺科大：箍桶式課程、做中學

身為第 16 屆盛群盃承辦單位，南臺科技大學的參賽成績也十分傑出。不但在競爭激烈的「8 位元 MCU 應用組」以車內 CANBUS 與車外物聯網（IoT）橋接器設計勇奪金牌，該隊在評審團高度肯定下，又獲頒「智慧電子產業創新應用獎」；此外另一支參賽隊伍也拿下「智慧化自行車暨健康科技應用獎」。

南臺科技大學副校長張鴻德，曾於 10 年前擔任第 5、6 屆盛群盃主辦人，如今盛群盃重回南臺科大舉辦，他可説是盛群盃成長與轉變的最佳見證人。他表示，當年比賽時，盛群提供單晶片，讓學生利用單晶片自己設計電路；如今，參賽團隊已經能夠整合完備的功能與外觀設計，打造跨領域整合的作品。他並大大稱許

盛群，16 年來善盡企業社會責任，持續和學校，無私地共同培養電子產業人才。

美國歐林工學院（Olin College of Engineering）強調「做中學」的校風，讓該校培養的學生大受產業青睞。張鴻德多年前到歐林實地參觀，回國後配合教育部推動教學前瞻計畫，提出「箍桶式課程」的概念，帶領南臺科大的學生從大一到大四都在做專題，並針對每個專題的需要，來做課程設計。

「歷經了五、六年的實驗，如今學生畢業了，從結果來看，我們覺得這種人才培育制度，是非常好的作法。」張鴻德説，「學生在表達能力、專題作品的跨領域整合度，都有很好的表現。」他希望做中學的人才培育機制，能廣泛地在整個技職體系的大學裡推動，為國家培養產業需要的實務人才。

跨領域合作　南臺科大勇奪金牌

南臺科技大學電子工程系主任余兆棠，帶領 9 組學生參加第 16 屆盛群盃競賽。自該校承辦第 5、6 屆盛群盃以來，他每年都指導學生參賽，從擔任指導老師、評審，到主辦單位，余

第 16 屆盛群盃評審委員

兆棠與盛群盃感情深厚。

盛群盃有四點獨特之處，余兆棠指出，其一是盛群除了活動費用與賽事獎金外，還指派二位同仁全職投入；其二是事前捐贈設備給學校成立實驗室，並且提供學生元件，讓學校不必再花大筆經費；其三是賽前提供完整的訓練課程；此外，比賽時盛群出動很多主管擔任評審，「評審時會把參賽作品拿起來問很細節的問題，甚至非常靠近去看 IC 的編號，與參賽隊伍面對面問答之間，也帶給學生很多刺激與學習。」

「學生只要找我做專題，我一定帶他們用盛群的 MCU 開發應用，」余兆棠表示，近三年來，他與創新產品設計系（產設系）的老師合作，這使得學生的作品產生了跨領域的變化。第 16 屆盛群盃，余兆棠的學生就囊括「8 位元 MCU 應用組」金牌、「創意產品設計組」優勝、「智慧電子產業創新應用獎」及「智慧化自行車暨健康科技應用獎」等大獎肯定。

「產品的實用性、跨領域合作與創意，能夠讓人眼睛一亮，是得獎的關鍵，」余兆棠說，學生從大二就開始接觸盛群 MCU，大學期間就參加盛群盃競賽，接著留下來念碩士班，如今

已養成學長帶學弟參賽的風氣。「從參加比賽的過程，我看到學生們的成長，包括表達能力及團隊合作，同時也建立起了自信心。」最近兩、三年，南臺科大碩士班畢業的學生，有好幾位都已加入盛群。

延攬志同道合的人才

盛群十分重視長期合作關係，從學校、舉辦競賽、人才培育，到客戶關係都是。張治強調，與學校合作培養人才，要細水長流。一方面，盛群將品質好、合乎工業規格的產品送到學校；另一方面，每年投入二、三十位盛群的重要幹部及主管擔任盛群盃評審，「你自己要用心，學校才知道你是玩真的，做起來才有勁。」

IC 能夠有好的銷售成績，應用端的人力很重要。盛群目前員工總數近九百人，其中，做 IC 設計的約二百人，應用端多達六、七百人。經過多年累積，如今盛群 MCU 已經發展出語音、通訊、電腦週邊、家電、醫療、車用及安全監控等應用領域，「光是風扇這一項，就有落地扇、吊扇、排氣扇等，品項非常多。」張治表示，

第 16 屆盛群盃 HOLTEK MCU 創意大賽　得獎作品

創意產品設計組

獎項	學校	作品名稱
金牌	中原大學	防疫旅館自走車 -HAI robot
銀牌	大同大學	音色觀察家
銅牌	大同大學	Water Cycle
優勝	南臺科技大學	注育 1,2!
優勝	國立虎尾科技大學	仿生海龜
優勝	國立虎尾科技大學	智慧寵物屋

32 位元 MCU 應用組

獎項	學校	作品名稱
金牌	國立虎尾科技大學	應用於工具機刀具管理之 OTA 智慧販賣機
銀牌	國立屏東科技大學	天衣無縫
銅牌	國立虎尾科技大學	到底鎖了沒
優勝	中原大學	Robotic drum with hearing
優勝	國立虎尾科技大學	具備 OTA 遠端下載與監測之液晶顯示模組物聯網系統
優勝	修平科技大學	森林守護者

8 位元 MCU 應用組

獎項	學校	作品名稱
金牌	南臺科技大學	車內 CANBUS 與車外物聯網 (IoT) 橋接器設計
銀牌	國立高雄科技大學	運用視覺 AI 之人機協作遙控系統
銅牌	國立虎尾科技大學	具備智慧警示之互動與防盜藍牙頭盔
優勝	國立虎尾科技大學	酒惡共視
優勝	國立虎尾科技大學	智能烘鞋機
優勝	國立屏東科技大學	騎開得勝

「財團法人自行車暨健康科技工業研究發展中心」設立

智慧化自行車暨健康科技應用獎

獎項	學校	作品名稱
第一名	國立屏東科技大學	騎開得勝
第二名	南臺科技大學	注育 1,2！

「欣宏電子」設立

無線創意應用獎

獎項	學校	作品名稱
得獎	國立虎尾科技大學	具備適應性調整之智慧義肢
得獎	中原大學	防疫旅館自走車 -HAI robot

「安富利科技」設立

健康環境與智慧綠能應用獎

獎項	學校	作品名稱
得獎	修平科技大學	森林守護者
得獎	大同大學	Water Cycle

「優方科技」設立

人機介面應用獎

獎項	學校	作品名稱
得獎	國立勤益科技大學	漆料調配器
得獎	國立臺灣師範大學	永恆之火

「經濟部工業局智慧電子產業計畫推動辦公室」設立

智慧電子產業創新應用獎

獎項	學校	作品名稱
得獎	國立虎尾科技大學	智慧寵物屋
得獎	南臺科技大學	車內 CANBUS 與車外物聯網 (IoT) 橋接器設計

資料來源：盛群盃　　　　　　　　　　　整理製表：產業人物 Wa-People

盛群每年在應用端的人力，至少都要晉用六、七十人左右。

「從盛群盃找進來的人才，穩定性都非常高，」張治說，八、九年前，盛群與義守大學合作開發直流無刷馬達（BLDC Motor）技術，學生畢業後加入盛群，接著學弟畢業後也跟著加入，他們在學校就已經把專業培養好，進入產業可以銜接得很好，算是很成功的例子。

Wa-People

竹科歡慶 41 週年
加快創新
產值再登新高！

文：王麗娟　圖：李慧臻

竹科自 1980 年發展至今，已成為全球半導體產業重鎮，聚集許多企業總部，更是全臺灣頂尖人才的聚居地，不僅是臺灣的「矽屏障」、「護國神山」，更為臺灣高科技產業人才培植帶來巨大貢獻，成為全球科學園區模仿的標竿，2021 年產值再登新高紀錄。

16.5 萬人　刷新產值紀錄

竹科歡慶 41 週年生日，竹科管理局局長王永壯 2021 年 12 月 15 日主持慶祝大會，園區同業公會理事長李金恭、新竹市長林智堅、新竹縣長楊文科及超過百名園區廠商代表均到場同慶，中美矽晶暨環球晶圓董事長徐秀蘭也應邀發表專題演講。

竹科成立於 1980 年，2020 年歡慶 40 週年時產值寫下新高紀錄，達新台幣 1.24 兆元。竹科 41 週年慶祝大會上，王永壯首先分享竹科 2021 年再創高峰的好消息！他表示，竹科 2021 年產值再次刷新歷史紀錄，前十個月產值達 1.3 兆元，已超越 2020 年全年。根據科技部

竹科管理局不定期召開記者會，介紹區內企業創新與成長，左起倍利科技董事長林坤禧、竹科管理局局長王永壯、晶祈生技董事長薛美珍

統計，竹科 2021 年全年產值攀升達 1.59 兆元，較 2020 年成長 27.6%。

王永壯說，竹科發展至今，已成為全球半導體產業重鎮，2021 年雖然經歷缺水及疫情挑戰，營業額仍持續成長，竹科轄下的各園區就業人口也成長了近 6%，總人數新增 9 千人，其中新竹園區增加了 6 千人。據科技部最新統計，竹科各園區的從業人數已成長至 16.5 萬人。

竹科歡慶 41 週年生日，竹科管理局局長王永壯宣布竹科 2021 年產值再創新高

X 基地、寶山一二三期

　　竹科管理局除了致力引進產業高級技術及科學人才、提升區域創新整合能量、激勵研究創新外，面對高度變動且競爭激烈的全球產業環境，也積極構建產學訓交流平台，就區域產業政策鏈結方面深耕布局，一方面利用科學園區既有的競爭優勢推動創業育成，一方面也強化中央與地方政府之間的合作，攜手鄰近市鎮打造科技生活城，共譜「下世代創新智慧園區」。

　　為了推動軟硬整合，及以軟扶硬政策，作為轉型與成長動力，竹科與新竹市政府合作開發的 X 基地，已於 2021 年 12 月 25 日動土，

計畫兩年後完成第一棟大樓。王永壯表示，X 基地三公頃的土地上，只會興建三棟大樓，未來希望與新竹市政府進一步合作，在都市生活機能上進一步造福進駐園區的人才。

　　在園區建設方面，竹科寶山一期占地 30 多公頃，2021 年底已接近完工，主要提供半導體產業開發先進製程；寶山二期的環境評估與都市計畫已經通過，正在協議土地徵收。王永壯表示，未來縣三期若能順利徵收，將與新竹縣政府合作，提供其他產業作為商業用地。協議土地徵收雖然面臨很多挑戰，但王永壯表示，他相信竹科管理局秉持園區發展與地方共生共榮的態度，希望能夠順利推動。

　　在用地擴充上，新竹園區將透過三、四、

竹科管理局局長王永壯頒獎表揚九家「優良廠商創新產品獎」得主

竹科 41 週年　產值刷新紀錄

園區別		2019	2020	2021
新竹科學園區	新竹園區	9835.6 億	1.14 兆	1.46 兆
	竹南園區	524 億	472.8 億	599.6 億
	龍潭園區	456.3 億	474.2 億	542.8 億
	新竹生醫園區	5.3 億	5.8 億	42.7 億
	銅鑼園區	92.6 億	109.6 億	136.7 億
	宜蘭園區	2.6 億	3.4 億	4.6 億
合計 (NT$ 元)		1.09 兆	1.24 兆	1.59 兆
人數		15.2 萬	15.6 萬	16.5 萬

資料來源：科技部　　整理製表：產業人物 Wa-People

五期標準廠房的更新計畫，將樓地板面積從五萬六千平方米，增加到三十六萬平方米。目前第一棟中繼廠房已經落成啟用，接著第三期標準廠房內的公司將陸續搬遷到中繼廠房，預計2022 年 8 月就會開始興建新的第三期廠房，屆時將有更好的容積率、更多停車位，以及更優化的環境。

竹北生醫園區　年成長 6.4 倍

　　竹科共有六個衛星園區，包括最早開發的新竹園區，接著還有竹南園區、龍潭園區、新竹生醫園區、銅鑼園區，以及宜蘭園區。王永壯表示，位於竹北的新竹生醫園區廠商申請進駐情形踴躍，第三生技大樓已經動工，預計2022 年底就可以完成。

　　2021 年底竹科 41 週年慶大會上，王永壯表示，2021 年前 10 月新竹生醫園區的營業額，已較 2020 年同期成長 5 倍多；根據科技部統計，2021 年新竹生醫園區全年營業額大幅成長達 42.7 億元，較 2020 年的 5.8 億元成長了 6.4 倍，顯示聚落效應已逐漸成型。

　　「宜蘭科學園區再也不是蚊子園區了」，王永壯說，如今廠商進駐宜蘭科學園區的情形相當踴躍，第二標準廠房已經完成，行政院工程會也已經解除列管。王永壯在週年慶大會上的這段致詞，讓現場響起熱烈掌聲。此外，王局長也指出，銅鑼科學園區的產業用地需求也非常旺盛，目前已經接近滿載，未來還有賴於新的園區提供土地。

　　王永壯特別感謝園區夥伴們的支持，以及新竹縣市政府將園區發展與地方建設融合在一起，讓竹科成為世界典範，包括立陶宛、波羅的海三小國、斯洛伐克、印度等，許多國家都來洽談並尋求合作機會。2021 年 10 月 22 日竹科與斯洛伐克簽署合作備忘錄，進一步將竹科成功的發展模式擴展至東歐，足見竹科在全球高科技產業的重要地位。

王永壯局長主持竹科記者會，介紹竹北生醫園區進駐廠商，左起禾榮科技總經理沈孝廉、漢民科技副董事長許金榮、王永壯局長、台寶生醫總經理陳宏賓、營運長楊鈞堯

竹科 41 週年　研發創新獲獎廠商

一、優良廠商創新產品獎

得獎企業	創新主題
旺宏電子	ArmorFlash 安全快閃記憶體
義隆電子	全蓋式（Under PVC）指紋辨識智慧卡解決方案
元太科技	無電池電子紙智慧信用卡
啟碁科技	5G 網路基礎設施加速卡
錼創顯示科技	89 吋 5K 超寬曲面 MicroLED 顯示器
群創光電	智慧隱形相機液晶顯示裝置
均豪精密	G10.5 濕式蝕刻設備
瑞愛生醫	光學式血紅蛋白分析儀
倍利科技	肺部影像輔助判讀軟體

二、研發成效獎

義隆電子
倍利科技
旭能醫藥

資料來源：竹科管理局　　整理製表：產業人物 Wa-People

獎勵積極創新

　　竹科管理局自 1986 年起開辦「優良廠商創新產品獎」選拔，2003 年起，為鼓勵園區廠商從事研究發展，又開辦了「研發成效獎」的選拔。竹科 41 週年慶祝大會上，王永壯以竹科大家長的身分，頒發紀念獎座及獎金新臺幣 30 萬元，鼓勵園區事業不斷研發精進。

　　2021 年「優良廠商創新產品獎」得主包括旺宏、義隆、元太、啟碁、錼創顯示科技、群創光電、均豪精密、瑞愛生醫，以及倍利科技；「研發成效獎」則由義隆、倍利、旭能醫藥生技等三家企業獲得。

　　義隆與倍利是同時獲得兩大獎項的廠商。義隆成立於 1994 年，創辦人暨董事長葉儀晧十分重視研發，首創將指紋傳感器模塊集成到智能卡中，開創了創新的指紋應用，2021 年營收再創新高，達 183.3 億元，年成長 21.4%，締造每股盈餘 17.64 元佳績。

　　如今義隆正積極切入智慧車電產業鏈，攜手友達光電、奇美車電、中華汽車、華德動能、成運汽車、創奕能源、大聯大品佳等公司，加入由車輛研究測試中心（簡稱 ARTC）主導的「車用 AI 影像晶片與智慧座艙顯示模組產業聯盟」。葉儀晧指出，聯盟將放眼全球車電市場，提供包含 AI 影像晶片應用、艙外、艙內、影音等汽車產業進階應用，為臺灣打造一條龍的車電產業製造線。

　　倍利成立於 2014 年，在董事長林坤禧率領下，以核心的影像處理技術深耕半導體與智慧醫療產業。在半導體瑕疵檢測與製程控制上，倍利的缺陷 AI 分析系統，在半導體封裝測試市場市占率已超過 80%，光學顯微鏡 AI 升級套件市占率接近 100%，其半導體光學顯微鏡技術，更打破日系大廠長期壟斷的局面。在臺灣市場獲得成功後，2021 年第二季倍利與漢民科技簽約，攜手開拓中國大陸的半導體市場。針對智慧醫療領域，倍利開發的肺部影像輔助判讀系統已申請 TFDA 認證，並與台北榮總、台大醫院新竹分院、中山附醫攜手合作，落實推動精準智慧醫療。

Wa-People

中美矽晶集團 41 週年
眺望前方、勇敢作夢

文：魏茂國　　圖：中美矽晶

2021 年 12 月 15 日，在竹科 41 週年慶祝大會上，中美矽晶暨環球晶圓董事長徐秀蘭受邀發表專題演講，她以「眺望前方、勇敢作夢」為題，為大家介紹中美矽晶集團一路成長的故事。

1980 年 12 月 15 日，是新竹科學園區正式成立的日子。隔年，1981 年 1 月 21 日，編號竹科「008」的中美矽晶進駐園區，從生產 2 吋矽晶圓起家，生日只比竹科晚一個月零六天。

黃土飛砂中 2 吋晶圓起家

「我們的『起家厝』，就是目前總公司所在的工業東二路 8 號，當年這裡一片黃土，更不時吹來一陣陣的風飛沙。」雖然 1998 年才加入公司，但中美矽晶暨環球晶圓董事長徐秀蘭曾在公司 35 週年慶時，透過早期員工口中，了解竹科剛起步時的荒蕪景象，甚至連要找條通往中美矽晶的路都不容易，還只插個簡單牌子說要徵人；「那時來應徵工作還要考作文，題目是『論責任感』。」

然而，也從在這一片混沌的廠區基地開始，中美矽晶隨著竹科和臺灣經濟的發展，一步步地走到今日。徐秀蘭回想，四、五十年前的臺灣，面對的是世界性的金融與糧食危機，加上石油短缺、工業發展停滯，原以「客廳即工廠」勞力密集輕工業為主的臺灣，也不免受到成本上揚帶來的衝擊；因此，工業的現代化成為翻轉臺灣的必要策略，著重高科技發展的科學園區，也就在這風雨飄搖、前景未明的情勢下展開。

「中美矽晶成了竹科的拓荒者，41 年來的演進，就好比是科學園區、還有臺灣工業史的一部微縮電影。」中美矽晶在竹科「拓荒」之時，包括台積電、世界先進、旺宏電子等半導體大廠都還未成立；「現在大家都在談 12 吋晶圓，但那時我們是從 2 吋、2 吋半和 3 吋的晶圓做起，供應給電晶體、整流二極體等國內客戶使用。」

國際級晶圓博物館

「直到現在，還有客戶要用 3 吋晶圓，所以我們也還在生產；」隨著技術不斷進步，後來中美矽晶陸續投入更高規格及更大尺寸的產品開發，如今儼然已經成為一座國際級的晶圓

中美矽晶暨環球晶圓董事長徐秀蘭（攝影／蔡鴻謀）

中美矽晶及環球晶圓竹科總部

中美矽晶創立之初的第一期廠房

天是勞動節放假日,但她還是進公司接待由伊藤忠商事帶來的日本客戶,談成了第一筆太陽能的訂單,從此進入太陽光電產業,後來還一度成為全臺灣太陽能晶片的最大供應商。2007 年,中美矽晶也跨足 LED 藍寶石基板生產。

如今大家看好第三類化合物半導體應用於電動車、5G 通訊及再生能源的需求。對中美矽晶集團旗下的環球晶圓來說,早已跨足氮化鎵(GaN)和碳化矽(SiC)材料研發,算起來已進入第八年。

2000 年進入太陽能產業

自 2000 年起,中美矽晶從太陽能長晶、切割、研磨起步,如今從材料到系統,已建立起垂直整合技術,除了在德國有模組廠、在意大利有 17 座電廠外,菲律賓最大的太陽能電廠,也是由中美矽晶獨自建造。此外,在臺灣也持續配合政府政策,加速擴建電廠。徐秀蘭說,「接下來中美矽晶將積極投入永續能源解決方案(Sustainable Energy Solution,簡稱 SES)。」

2011 年 10 月,環球晶圓(GlobalWafers)自中美矽晶的半導體事業處衍生成立,定位「完整晶圓解決方案供應商」,如今在歐、亞、美洲等 9 國,擁有 17 座工廠,每年用電 11.6 億度。在環保減碳的全球趨勢下,許多國家都提出淨零排放(Net Zero)的承諾,在半導體產業國際競爭中,綠色能源更是國際共識及大勢所趨。中美矽晶興建的太陽能電廠,剛好是環球晶圓需要的綠色能源,綠電幾乎百分之百都由環球晶圓買下。如今環球晶圓丹麥工廠已有六成使

博物館。拓荒辛苦、創業維艱,徐秀蘭說,中美矽晶剛成立時,全公司不過 33 人,研發人員只有 10 位,「訂單非常嚴酷的狀況持續了十幾年,有時我們還得拿著剛取得的訂單向銀行抵押貸款,才有辦法買原料來生產,還有員工薪水發不太出來的時候,甚至因此成立了員工自救會。」

經濟景氣與產業變動也給公司帶來各種問題與挑戰,「中美矽晶就在這一路一跛之中,和無數竹科的廠商及夥伴一樣,即使遇到再大的困難,就自己擼起袖子來解決。」

2000 年,由於半導體產業實在不景氣,因此促使中美矽晶開始投入太陽能長晶技術。徐秀蘭還清楚記得那是 2000 年 5 月 1 日,雖然當

中美矽晶宜蘭分公司導入綠色能源的太陽能電廠

環球晶圓投入第三代半導體晶圓多年有成

用綠色能源，美國廠的比重也超過 24 ％。徐秀蘭強調，「如果要讓臺灣的所有產業都能夠打國際盃，綠色能源絕對不能少。」

啟動多角化經營

為了降低對單一產業的依賴，中美矽晶的半導體事業體，除了持有「環球晶圓」超過 50% 的股權外，也投資了做很多低軌衛星的第三代半導體代工廠「宏捷科技」、做車用二極體的「朋程科技」、專門開發半導體特用電子級氣體（SEG）及特用電子級化學品（SEC）的

「台灣特品化學」，以及發展藍寶石等脆硬基板的「兆遠科技」。

「我們希望不要被單一產業侷限，所以我們要讓自己的腳多踩幾隻出去，並且變得更國際化一點。」徐秀蘭說，以今天的中美矽晶集團來看，已經是一家橫跨半導體、太陽能垂直生產鏈的綜合性集團；41 年間，員工數從最早的 33 人，增加到目前海內外員工遠超過 8,000 多位，全球營運據點更遍布 12 個國家、26 個生產基地，營收也從 1998 年的 5 億元，成長到 2021 年的 688.4 億元，跳躍成長超過 137 倍。

而專注半導體業務的環球晶圓，2021 年營收首次突破 600 億元，達 611.3 億元，年成長超過 10%；徐秀蘭說，「我們的半導體事業過去 20 年來，沒有虧過一分錢，每一年都獲利。」

二大產業布局：半導體、綠色能源

徐秀蘭看好未來二十年半導體產業將有更高的成長，原因是「有愈來愈多的『殺手級應用』（Killer Application）推出，並不斷地改變我們的生活。」

過去二、三十年，半導體產業的成長動力，主要來自桌上型 PC、筆電，及手機等需求。如

中美矽晶集團 30 週年廠慶，時任董事長盧明光（左）與時任總經理徐秀蘭（右）與員工共同慶祝

中美矽晶集團佈局

太陽能事業體	半導體事業體
Aleo Solar GmbH 德國 - 太陽能板製造	環球晶圓 （6488） 臺灣 - 晶棒、矽晶圓
SAS Sunrise Sepalco 菲律賓 - 電廠投資	台灣特品化學 臺灣 - 矽乙烷及矽丙烷
SPW 旭鑫分公司 臺灣 - 電廠投資	兆遠科技（4944） 臺灣 - LT／LN 基板、砷化鎵
Silfab 加拿大 - 電廠投資	宏捷科技（8086） 臺灣 - 砷化鎵代工
	朋程科技（8255） 臺灣 - 二極體

資料來源：中美矽晶集團

今，隨著因應 COVID-19 疫情而迅速普及的遠距工作（Work from Home）、遠距教學、遠距會議、遠距醫學等應用遽增，在各式各樣的「X」from Home 背後，不但需要 5G 無線通訊、快速傳輸、快速存取、而且成本要低，全都需要半導體來支撐；更不用說像電動車、無人機、元宇宙等創新應用，將更進一步推動半導體飛快成長。

「半導體要能夠快速發展，就不能忽略綠色能源。全球承諾淨零碳排的潮流下，只想做好半導體，卻不管綠色永續，絕對不可能。」徐秀蘭指出，中美矽晶集團持續投入太陽能和半導體產業，能比市場成長更快一點的原因，就是在有機成長之外，還利用「併購」來推動企業更茁壯。

特別是在半導體事業，過去十多年來就歷經四次成功的併購，也讓環球晶圓在產品完整度、全球據點及營運規模上皆大幅提升，晉升為業界第三大晶圓供應大廠。包括 2008 年併購美國專業磊晶廠 GlobiTech、2012 年收購日本東芝子公司 Covalent Silicon，2016 年對中美矽晶而言，真是忙碌的一年。7 月完成併購丹麥公司 Topsil Semiconductor Materials A/S ，緊接著又在 12 月併購全球第一家矽晶圓領導廠商，美國 SunEdison Semiconductor（SEMI）公司。

積極邁向未來夢想

徐秀蘭表示，各宗併購案所著眼的，都是希望能透過彼此的互補，加上集團的協調整合，以發揮最大的經營效益。好比在併購日本

環球晶圓集團重要里程碑

發展沿革

1981 中美矽晶製品股份有限公司
中美矽晶製品股份有限公司成立

2008 GlobiTech
收購 GlobiTech Incorporated

2011 GW GlobalWafers Co., Ltd. 環球晶圓股份有限公司
中美矽晶將三大事業體獨立分割
太陽能、半導體、藍寶石
環球晶圓股份有限公司成立

2012 | COVALENT |
收購 Covalent Silicon Corporation
(收購日本Covalent Materials Corp.子公司半導體矽晶圓相關業務，並更名為 GlobalWafers Japan Co., Ltd.)

2015
環球晶圓股票掛牌上櫃

2016 TOPSIL　SunEdison SEMICONDUCTOR
收購 Topsil
收購 SunEdison Semiconductor

GW GlobalWafers Co., Ltd. 環球晶圓股份有限公司

全球布局

- 廣泛且遍布世界的營運據點，能即時服務全球客戶
- 在地供應可有效降低長途運輸的環境成本，亦減輕地緣政治及總體經濟的變動影響

地圖標示：

丹麥 Topsil GlobalWafers A/S

中國大陸 昆山中辰矽晶(有)公司

南韓 MEMC Korea Company

日本 GlobalWafers Japan Co., Ltd. MEMC Japan Ltd.

義大利 MEMC Electronic Materials S.p.A.

台灣 環球晶圓總部 中德分公司

美國 GlobiTech Incorporated MEMC LLC

新加坡 GlobalWafers Singapore Pte. Ltd.

馬來西亞 MEMC Electronic Materials Sdn. Bhd.

Covalent 前，「我們從來沒有看過 12 吋晶圓的產線，加上有平均 40 歲的二百多位優秀工程師，是很關鍵的資產。」徐秀蘭也稱讚臺灣工程師很了不起，只要給他們機會，就會努力學習，把 know-how 帶回臺灣。

「更重要的是，這些公司後來的表現與成長，都比我們收購之前還要更好。」徐秀蘭強調，併購並不是花錢買公司這麼簡單，「母公司就像媽媽一樣，我們要看出每個孩子不同的特質跟個性。融合過程中的衝突、跨國溝通、化解、諒解、包容，到最後變成真正的一家人，非常不容易。從臺灣的角度來看，我們真的學到最多。」

「1998 年我剛加入時，中美矽晶還只是一家做三吋晶圓的公司，業績能在 20 年間成長 120 倍，完全無法想像。」2022 年 2 月 6 日，徐秀蘭宣布新台幣 1000 億元（約 36 億美元）的新擴產計畫，雖然環球晶圓收購德國世創（Siltronic）破局，但自 2022 至 2024 年，公司將以 20 億美元用於新廠建置，16 億美元用於現有廠區擴產 12 吋晶圓和磊晶、8 吋與 12 吋 SOI、SiC 晶圓等大尺寸產品，以滿足市場需求。

徐秀蘭在演講中強調，「竹科是一個很了不起的存在！四十一年一路走來，我們看到臺灣人，尤其竹科聚集在一起的工程師，爆發出來的無限可能，這些正是臺灣的價值與驕傲。」

Wa-People

創鑫智慧董事長暨執行長林永隆看好台灣成為半導體的世界中心，以世界一流為經營目標

創鑫智慧董事長暨執行長林永隆，擁有近40年專業資歷，是一位極具創新創業精神的晶片設計專家。林永隆1987年自美國伊利諾伊大學香檳分校（UIUC）取得計算機科學博士學位後回國，在清華大學任教，至今已培養出一百多位優秀人才。身為清華大學資工系講座教授的他，曾任清大研發長，並曾受清華大學前校長陳文村邀請，擔任智慧電子國家型計畫擔任共同主持人。

看好 AI 龐大商機　二次創業

1998年，由於看好系統晶片（SOC）及電路智慧財產（IP）的前景，林永隆與鈺創董事長盧超群及智原科技副董事長石克強共同成立創意電子（GUC）並擔任技術長。21年後，林永隆於2019年二度創業，在清大育成中心成立創鑫智慧。這一回，他看到的是 AI 的龐大商機，以及臺灣半導體產業的絕佳機會。

林永隆表示，AI 是人類繼工業革命、電力革命、資訊革命之後，第四波翻天覆地的革命。AI 能夠為人類帶來更美好的生活，大量的高效能運算正是關鍵所在。他強調，創鑫智慧的使命，便是要提供最高性能、且最高效率的 AI 運算系統，具體目標是全球第一的推薦系統。

創鑫智慧推出高效率 AI 加速推薦系統，鎖定電子商務、社交媒體，以及資料中心等客戶

進駐竹科
衝刺 7 奈米
創鑫智慧 AI 晶片受矚目

文：王麗娟　圖：李慧臻

7 奈米人工智慧（AI）晶片進駐竹科！創鑫智慧（NEUCHIPS）透過深度學習打造加速推薦系統，成為第一家切入資料中心高效能運算（Data Center HPC）及 7 奈米製程的 IC 設計新創公司，2021 年 12 月 22 日舉行進駐竹科開幕茶會，2022 年元月在美國資本市場再獲新資金挹注，吸引市場矚目。

群。除了透過優化軟硬體帶來卓越效能，同時也在用電效率上展現價值。林永隆說，創鑫智慧要做到每秒、每瓦、每塊錢的推論數，都拿下全球領先指標，也就是不僅運算速度要快、而且還要能夠省電、省錢，並領先全球。

投入 7 奈米　備受矚目

創鑫智慧 2021 年底進駐竹科的開幕茶會上，一位重要投資人從防疫旅館以連線方式發表演說。他強調，創鑫智慧 2021 年建構 7 奈米的 AI 加速晶片，不但是前所未聞的大膽創新，更是亞洲初創半導體公司中首見！他強調，為了推出最好、最省電的 AI 加速推薦系統，林永

隆和他的團隊選擇了最具挑戰性的道路。創鑫智慧 2022 年元月註冊成為美國公司，進一步強化國際連結、更接近客戶與國際資本市場，包括 JAFCO、緯創資通、凌陽、力積電等皆為該公司投資者。

快速且準確的推薦系統，是電子商務成功的重要關鍵。創鑫智慧以 AI 加速推薦系統，成為第一家切入資料中心高效能運算（Data Center HPC）及 7 奈米製程的 IC 設計新創公司，大受市場矚目，公司於美國註冊後，2022 年元月獲大筆資金挹注，資本額提高到 4,650 萬美元（約新台幣 13.08 億元）。

林永隆表示，為了驗證技術的可行性，創鑫智慧從清華大學的實驗室出發，從數學、演

創鑫智慧董事長暨執行長林永隆（中）主持竹科辦公室開幕茶會，產官學界貴賓雲集致賀，左起緯創資通總監秦北辰、麗珅國際投資集團合夥人宋雲峰、力晶總經理王其國、經濟部技術處簡任技正林浩鉅、鈺創科技董事長盧超群、科技部前部長陳良基、竹科管理局局長王永壯、清華大學前校長陳文村、前政務次長許有進、凌陽董事長黃洲杰、集富台灣資本管理顧問董事總經理林昱璋

算法，到電路雛形系統，一方面善用舊技術，同時也不斷發明新技術，透過參加國際競賽與 AI 跑分比賽，與國際一流公司同場競技與交流。過程中，透過科技部射月計畫，以及經濟部技術處科專計畫的支持，不斷投入技術研發。

射月計畫　醞釀臺灣創新能量

科技部前部長陳良基表示，2017 年科技部體認到臺灣面對 AI 時代來臨，整個 AI 市場可能在 2023 年大爆發，應該趕快做好準備，因此提出半導體射月計畫，期望推動臺灣最強的半導體與資通訊產業，向上躍升。

陳良基說，射月計畫希望結合學界、企業界、產業生態系統，以及新竹科學園區的優勢，讓臺灣漂亮站上 AI 國際大潮流。陳良基表示，真正好的東西，需要時間醞釀，不會立竿見影。雖然四年前推射月計畫及 AI 研究中心，並不是

大家都支持，但如今創鑫智慧的創立及表現，證實學界的確有豐富資源，只要企業界給予更多鼓勵，就能釋放出巨大能量。

他強調，如今是 AI 晶片突飛猛進時代的開始，市場爆發的時間點，可望在 2022 至 2023 年，希望屆時很多 AI 產品背後搭載的是台灣的半導體，是台灣的智慧結晶。巧合的是，2017 年 12 月 22 日那天，陳良基宣布政府將以 5 年 50 億元的規模，在臺、清、交、成四所大學，成立四大 AI 創新中心。四年後，創鑫智慧進駐竹科的開幕茶會這天，也正好是 12 月 22 日。

科技部前政務次長許有進和林永隆是美國 UIUC 的同學，後來兩人在清華大學任教又成了同事。許有進說，他每次從美國回臺灣總會找林永隆吃個飯，回想 2015、2016 年開始聽林永隆聊 AI，看他總是能不需要筆記，就能連續談 AI 技術近一小時，原來，他老早已將 AI 及

科技部前部長陳良基看到半導體射月計畫衍生成立新公司，滿心喜悅

科技部前政務次長許有進從聽林永隆聊 AI，到參加開幕茶會，可說是創鑫智慧誕生的最佳見證人

深度學習的公式牢記在腦海中。

許有進於 2017 年應陳良基之邀，回國加入科技部，協助推動 AI 及新創計畫，也請林永隆共同協助 AI 辦公室。科技部從五百多個計畫中，挑選出八十幾支團隊，並成立四個 AI 中心，為臺灣培育了許多 AI 人才。2017 年底科技部推動射月計畫，林永隆便是計畫申請人之一，從此一路發展，進而成立了創鑫智慧公司。

竹科創新亮點

公司名稱：創鑫智慧（NEUCHIPS）
創辦人　：林永隆董事長
資本額　：4650 萬美元（新台幣 13.08 億元）
創立　　：2019 年
進駐竹科：2021 年 12 月 22 日
美國註冊：2022 年元月
產品　　：資料中心人工智慧（AI）加速晶片
創新　　：國內第一家切入台積電 7 奈米製程的新創 IC 設計公司

為世界中心做出貢獻

「我們好好做，台灣有機會成為半導體的世界中心」，這是林永隆 2014 年初在經濟部一場半導體產業發展座談會中說的話。如今他進一步期勉創鑫智慧的同仁「要好好做，對這個世界中心做出貢獻。」

當年如果林永隆和盧超群等人忽略 SOC 的機會，就沒有如今股本 13.4 億元，市值卻超過 800 億元的創意電子；清華大學電機系特聘講座教授暨工研院協理吳誠文，小時候是棒球國手，他曾寫過一篇「偶入桃花源」，描述自己受林永隆邀請投入新技術開發，與自己從小練投曲球的故事。吳誠文認為，能夠收割甜美的果實的最大關鍵處在於，當看到 「山有小口，彷彿若有光」時，你敢不敢進去？

林永隆稱許創鑫智慧的同仁參加新創事業，「顯示你有膽識」。他堅信創鑫智慧的團隊志同道合，走的是一條不一樣的路，迎面而來的風景自然會大不相同。林永隆也呼籲學界教授帶領學生好手參與創鑫智慧的計畫，一起攜手登上世界舞台。

Wa-People

中科打造永續經營環境 推升產業成長破兆

文：魏茂國　　圖：蔡鴻謀

中部科學園區自 2003 年底啟動建設、引進廠商以來，歷經 18 年演進與成長，吸納海內外人才，鼓勵研發創新，建構高科技產業優質環境，不僅為光電、半導體、精密機械等重要產業，締結聚落般的連結與能量，同時也帶動傳統產業升級轉型及新興產業成長茁壯，進而促進經濟與社會繁榮。中科多年來打造永續經營環境的苦心與努力，於 2021 年迎來產值首度突破兆元的新高里程碑。

「中科成立以來，就是配合產業發展趨勢，努力為廠商打造能不斷成長的永續環境，實現連結在地、連結國際、連結未來。」自 2004 年即加入中部科學園區管理局的施文芳副局長說到，雖然中科成立時間在竹科與南科之後，卻能在短時間迎頭趕上，靠的就是在中科的規劃與開發過程中，投入紮實的基礎建設和各面向的服務，加上所有園區廠商的配合、持續提升經營品質，才能創造出令人振奮的成果。

公共建設左右廠商營運
需投注長遠發展眼光

就以中科肇建之時，從 2002 年獲得行政院核定後，次年底即成立籌備處並開始建設工程，到了 2004 年 10 月就有第一家廠商友達光電正式營運，展現了快速的開發效率。經過 18 年來，目前中科已擁有臺中、虎尾、后里（含后里基地和七星基地）、二林、中興等五大園區，進駐廠商逾二百餘家，從業人數共達五萬多人，日積月累出厚實的產業能量。

施文芳明白地表示，以中科管理局提供產業服務的角度，就是要從「新」和「快」出發，盡速協助廠商進駐並投產；因此，相對的園區內的重要公共建設，就要能跟得上廠商的需求和腳步，甚至要掌握趨勢，前瞻佈署，塑造得以順利營運的條件，也是多年來持續推動的工

中科管理局副局長施文芳表示，中科管理局站在提供產業服務的角度，
就是要從「新」和「快」出發

作核心。好比最早開發的臺中園區及隨後的后里園區，都曾汲取其他科學園區的經驗，兼顧對環境保護的重視，並規劃建設放流管工程，將處理過後的放流水引至河川下游再排出，減少對沿途環境的衝擊。

「臺中園區的放流管工程，曾為了顧及民眾的意見，前後共推動八年才全部完成，后里園區的放流管雖然較晚啟動、但也較早完工；更重要的是，這些重要的建設，對後續園區發展和廠商營運，確實帶來了可長可久的基礎和助力。」施文芳以后里園區為例，就是臺灣最大外資企業美光科技的生產基地，直到近年都還持續加碼擴廠，顯見園區設施的完善更能吸引廠商長期投資。

同樣在臺中園區，當放流管工程於 2011 年完工時，首先迎來的就是台積電 15A 晶圓廠，導入當時最先進的 28 奈米製程技術，進而引領台積電締造高度成長和市場優勢。然而，隨著環保意識和對環境議題的要求不斷提升，本身就承載許多營運生產及資源運用的中科，除了面臨更大挑戰，也需要在開發園區建設時，投注更前瞻、更創新的方法。

導入創新解決方案
攜手合作夥伴提升服務

最明顯的例子，莫過於二林園區十年波折的開發過程，原先也規劃建置放流管，但並未

得到地方人士的認同與支持，即使規劃將排水管道延伸、甚至遠達海域也未被接受。因此辦理環差轉型為低用水園區，並進入二階環評程序。為了突破僵局，於是中科管理局隨機應變提出「廢水全回收再生利用」方案，也就是嚴格篩選入區廠商，並將廠商的廢水，集中處理成可再利用的「再生水」，一方面回供園區內的廠商使用，同時也運用於園區維護，中長期也可以供應給附近區域的產業園區或廠商。

「二林園區在進行環評審查時，也受到很多質疑和挑戰；但為了規劃導入水再生系統，我們投入了三年準備，特別是未來整個系統的運作規劃，並順應 2015 年公布實施的《再生水資源發展條例》，最後終於獲得認可、在 2018 年 5 月正式通過環評，也讓後續的招商更為順利。」這種以不排放廢水、並以再生水系統來運作的方式，雖然是第一次運用在科學及產業園區中，施文芳也強調，使用再生水既能符合環保趨勢，還能為缺水的臺灣提供更有韌性的產業發展模式。

好比在 2021 年中發生的旱情，就讓許多廠商吃足苦頭、到處尋找可用水源，卻也更加突顯善用水資源的必要性。不過，這類創新的水資源利用方案，還必須要有相關建設工程及營運的廠商願意參與；以二林園區的案例，就是由山林水環境工程公司率先表達意願投入《再生水資源發展條例》所規範的再生水經營業，才能讓解決方案得以說服環評委員。施文芳認為，像山林水公司這樣的工程合作業者，既能配合中科的發展理念，共同研議更好的解決辦法，還能為產業提供充足資源，對園區的長期營運發揮良好效益。

目前臺中市政府正推動水湳再生水廠 BTO 案，中科也推動區內配套設施，預計 2023 年完工啟用，每日約可提供一萬噸予友達光電、聯豐精密、亞東工業氣體等中科廠商使用。

中科管理局副局長施文芳與山林水總經理廖宗銘共同見證中科「二林園區」的水再生利用最適化零廢水排放系統，透過源頭管制、設計，逐級利用「再生水」，是順應問題，也是挑戰性的首例

中科園區內東大公園綠意盎然，完美結合森林、木棧道與高科技廠房，假日已成網美景點

2015 年 9 月，中科擴建用地，公共工程與廠商同步趕工

總統蔡英文（右7）2016年12月出席中科管理局台中園區公共藝術《流動‧連結》剪綵儀式。雕塑家李良仁以紅色烤漆呼應大肚山紅土，傳達中科與在地密不可分的關係

連結企業營造環境　共同實現永續園區

台積電面對國際市場激烈競爭、不斷精進生產之下，數年前研發推出的7奈米製程技術落腳中科設立台積電15B廠。當時園區擴建計畫受到NGO關切而進度影響，好不容易在2015年通過環評後，緊接而來的就是急迫的建設工程。「除了台積電本身要趕工建廠，我們和承包商提供的水電等公共工程也要及時到位，整個工期歷經了前所未有的炎熱夏季，以及2016年初的霸王級寒流，大家在大肚山坡上頂著寒風、挑燈夜戰地打拚，還好最終雙邊都在表定時程內達成這項超級任務，」施文芳有感而發地說。

在中科的環境營造上，除了為生產製造而建設的硬體工程外，如何與周遭環境融合、形成景觀優美綠化與生態園區，以及連結在地的公共藝術也是同等重要的工作。例如台積電15B廠用地，原來是軍方使用數十年的大肚山彈藥分庫，後來草木叢生；在擴建工程計畫啟動前，台積電和中科管理局及臺中市政府還審慎地請來植物生態專家，山林書院的陳玉峯教授帶領團隊實地調查，確認基地沒有原生植物社會後，

才展開後續的開發作業。另外，台積電15A廠在建蔽率的規定下，在廠區內選擇適合的樹種大量植栽，生態池裡更有復育的綠頭鴨與昆蟲穿梭其中。施文芳更提到，2017年環保署前副署長詹順貴曾帶領環保團體代表參訪台積電15廠，親眼見到科技廠商對環保生態的投入及成果，此後外界對科學園區的環境保護及營造有所改觀。

另外，在后里園區，不論是崴立機電養護的櫻花林，或是友達光電營造的大型森林公園，不只為景觀和環保減碳帶來實質效益，更成為許多民眾平日的休閒去處。截至2020年止，中科所轄各園區在臺灣綠建築評估，就有11座建築取得鑽石級的綠建築標章，臺中園區也獲得生態社區的鑽石級認證。此外，園區內的「水堀頭公園」，係由3個滯洪池組合而成，如今已是和農委會水保局合作的水保示範區，不但提供大型活動綠地、停車場、步道兼自行車、音樂廣場、花生廣場、櫻花活動廣場區及眺望大台中地區的觀景平台等設施，更是園區員工、地方民眾常探訪的綠色場域。

「在臺中園區，可看到和我們比鄰的臺中都會公園一樣的各種鳥類、蝴蝶、蜻蜓及昆蟲，還有野鳥協會來此舉辦賞鳥活動；如果我們的環境品質不夠好，這些動物和昆蟲根本不會在這裡棲息。」施文芳不忘強調，中科能有這樣的生態環境與經營成績，是所有廠商和園區管理局共同秉持使命感所努力達成，也是中科服務產業、推動產業發展、落實社會責任的最重要憑藉。

Wa-People

山林水環境工程創辦人暨力麗社會福利慈善事業基金會董事長郭銓慶

環境、文化、藝術
守護臺灣永續環境

文：王麗娟　圖：力麗集團

力麗集團從紡織、營建起家，事業版圖延伸至資訊、觀
光、環工、食品、長照等範疇，更投入資源在環境永續、
文化典藏、藝術交流、人文關懷等領域，善盡社會責
任！

環境、文化、藝術

　　山林水環境工程創辦人暨力麗社會福利慈善事業基金會董事長郭銓慶，年少就跟著父親，力麗集團創立者郭木生投入紡織事業。回顧1975年，19歲的郭銓慶隨父親從故鄉彰化到臺北土城設立「力鵬」熱轉印花廠，接著1979年郭木生集資成立「力麗」，紡織事業越做越大。

　　郭木生自年輕起就堅信有土斯有財，只要存了一筆錢，就積極買進土地資產。把紡織業做得有聲有色的他，1992年成立「力麒建設」，把製造業追求品質的理念與精神，投入建案的規劃與管理，很快就累積起好口碑與亮麗業績，2002年起更從商辦轉攻精品與住宅市場。

由於關心臺灣的環境，力麒建設從營建為出發點，於 2004 年及 2005 年，轉投資綠色環保領域。郭銓慶以祖父郭山林的名字，成立「山林水環境工程」。多年來，已成為守護臺灣永續環境的重要貢獻者。

如今，力麗集團（LeaLea Group）的事業體涵蓋紡織、營建、資訊、觀光、環工、食品與長照等領域。近年來郭銓慶淡出第一線經營，把大多數時間投入社會關懷、環境永續，以及藝術文化推廣等範疇。

在郭銓慶主導下，力麗集團 1996 年成立「郭木生文教基金會」並設置「美術中心」，傾力於藝術文化展覽、教育與藝文活動的推廣。曾參與許多都市設計發展與住宅建設的郭銓慶，對於臺灣傳統建築文化資產的保存工作懷有一份特殊的使命感。在取得「日治時期臺北茶葉仕紳陳朝駿宅邸」經營權後，更是積極參與臺灣早期建築文化遺產的發掘、保存與推廣活動。

郭銓慶與名畫家游志忠熟識後，十分欣賞他的繪畫，於是共同籌劃「畫說臺灣建築文化遺產」的一系列活動，並展開「回到 1919 ─畫說臺灣建築文化遺產系列」巡迴畫展，希望藉由游志忠精彩繪製清代與日治時期的重要建築，喚起大眾對歷史建築的重視、並支持積極保存與修復的工作。

這場美麗又懷有鄉土情感的古典建築饗宴，2017 年從臺北故事館出發，2018 年在孫立人將軍官邸展出，歷經臺南、臺中，2019 年起更與鐵路局合作，沿著軌道前進，從臺北車站、花蓮車站、高雄車站一路展到板橋車站，今年 7 月更將移師故鄉彰化，可說是一系列最親民的藝術饗宴！

在關心人的方面，2005 年，郭銓慶推動成立「力麗社會福利慈善事業基金會」，積極參與各項社會服務工作，特別關注兒童、青少年、婦女與老人的福利照顧，希望能創造活躍優雅的樂齡生活。另於 2009 年成立「財團法人郭山林 教育基金會」，主要以公益活動、關懷助學、照 顧弱勢及環保教育等四大活動主軸，回饋社會。

兒童、青少年、婦女、老人福利

有感於身邊親友逐漸年老，在外打拼的子女大多無法時時在身邊陪伴照料，讓郭銓慶興起開設長期照護中心的念頭。由於力麗基金會沒有醫療及照護的背景，因此，在探索「臺灣的長輩需要什麼？社會需要什麼？」的過程中，一切從頭開始，但也因此有著完全不設限的思考空間。「我們的概念設定以人為中心，長輩的感受是我們服務的第一優先，這是一個理念，但要落實很不容易。」郭銓慶説。

2012 年在宜蘭縣五結鄉，力麗基金會發展出以「長者」為中心的社區整合性照護服務模式，以及長照 2.0 的居家照顧服務、社區式的日間照顧服務，再結合力麗樂活長照的機構式照護，提供多元化、連續性的在地老化服務網。此外，基金會也與國際接軌，引進日本技術，致力建構新型態的長照服務模式。

2017 年「力麗社會福利慈善事業基金會」於臺北市設立分會，推動「社區整合性照護服務」模式，成立「109 Cafe'憶您久照顧咖啡館」與「社區健康照護站」外展駐點服務；2019 年成立力麗長青長照社團法人附設臺北市私立樂活長青長照機構，為一住宿型、社區型、居家型的長期照顧服務機構，提供專業又完善的照護品質，以減輕或維持其生活機能之目的。一系列服務模式，期盼讓長輩們能擁有健康的身心與持續的社會參與，在友善與尊重的陪伴中獲得溫暖的關懷和照顧，形成更多元化的社區協力互助關懷服務網。

Wa-People

以工程服務營造優質環境
打造愛臺灣方程式

文：魏茂國　　圖：蔡鴻謀

國內第一家專注純水務的上市公司，山林水環境工程公司以工程專業及效率，完成許多水資源循環利用及環境保護的重要任務，是守護永續產業發展與生活環境的幕後功臣。特別是臺灣在2021年發生百年旱象，更讓許多人體認到，「水資源回收中心就像是個都市小水庫」。

「大地山為高，萬物林中生，千古水長流」，山林水環境工程公司成立於2004年，以專業可靠、不斷創新的水務工程實績，為產業及都市建設默默做出貢獻。

2016年，山林水成為國內第一家以水務公開上市的公司，服務內容涵蓋再生水處理、降低碳排放、海水淡化工程，及環境教育，打造愛臺灣方程式。

山林水不但在規劃、執行及維護污水下水道系統堪稱業界翹楚，長期投入土壤復育、污泥回收再利用之外，更是臺灣少數有能力做水資源再生利用的公司。2021年臺灣「百年大旱」，導致各地進入減壓供水、限水、停耕、甚至歇業等情況，更進一步喚起大家對水資源永續與再生水系統的重視。

「從事環境工程的工作，真的是一件很有意義的事。」山林水環境工程總經理廖宗銘退伍後進入石化產業的工程顧問公司，2004年轉換跑道投入環境工程，近二十年來，隨著社會及產業對環保重視不斷提升，如何藉由技術與服務，使環境能夠得到更多保護、減少污染危害，正是他念茲在茲的工作理念。

工程建設需要匯集眾力，整合多方資源，經常會在施工現場面臨大大小小的突發狀況。好比以往在石化業時，廖宗銘曾負責監造臺中港碼頭的輸油站工程；「因為設施位於海邊，還會引入海水做為消防用水，因此不但要考慮抗腐蝕性和耐用度，同時也要設想實際測試設備時可能出現的問題，並預做準備，以確保工期。」

山林水環境工程公司總經理廖宗銘說，「開發中國家發展經濟的時候，認為環保不是頂重要；但到了一定經濟規模後，環保則是領先指標。」

領先投入環工領域，以改善環境品質為目標

山林水的母集團，是橫跨紡織、營建等多項產業的力麗集團。力麗集團從紡織起家，很早就體認並自行建立廢水處理和污染防制的能力，進而成立山林水，投入永續環境工程事業。婚後留駐臺中的廖宗銘，考量到中部缺乏石化產業，於是開始尋找其他跑道的機會。剛好2004年山林水環境工程公司成立，廖宗銘就這樣成了第一位員工。

「我們希望能將母集團在污染防制的多年經驗，擴大協助其他業者與產業，友善環境。」廖宗銘指出，山林水成立後，除了持續服務母集團的企業外，並積極投入公共工程業務。例

如2004年承接高雄楠梓污水下水道系統建設計畫，即是全國首件依循《促進民間參與公共建設法》（簡稱：促參法）的BOT案，總投資金額達52億元，包含工程興建及代操作營運共35年。

雖然公共工程的建設案程序繁瑣，但經由多年持續投入，山林水已創下許多國內環工業界的「第一」。例如2014年參與興建的臺中水湳經貿園區水資源回收中心，山林水不僅率先採用國內規模最大的薄膜生物處理系統（MBR），同時也建置了全國第一座中水道社區系統，將再生水經中水道輸送到經貿園區內的各建築使用。這項優異的設計與工程，也獲得行政院2016年第16屆「公共工程金質獎」優等的肯定。

2019年，臺中市豐原區污水處理廠新建

工程，在山林水規劃下，納入雲端智慧管理、節能、安全、黃金級綠建築等多項要素，成功打造全國首座雲端智慧化的水資源回收中心，不但改變了民眾對污水處理廠的觀感，而且進一步提升公共建築的形象，獲行政院頒發「公共工程金質獎」設施類特優的殊榮。

2019 年，山林水成功打造臺中市豐原區污水處理廠新建工程，成為全國首座雲端智慧化的水資源回收中心，獲行政院頒發「公共工程金質獎」設施類特優殊榮

降低碳排放，推廣環境教育

廖宗銘表示，除了硬體的工程建設外，山林水也相當注重軟體方面的提升。像在宜蘭羅東代操作的水資源回收中心，就在 2016 年獲頒全國第一張水資源回收中心碳足跡標籤證書，後來包括全國最大二級生物污水處理量的臺北市迪化污水處理廠，以及中部科學園區污水處理廠等，也都取得碳足跡標籤證書。「這些清楚的指標，提醒我們從更多節能的措施與方法著手，持續減少碳排放量。」

另外，山林水也在中科臺中園區設有經行政院環保署認可的檢驗室，可協助檢測分析不同業者或廠區所排放的廢水性質，藉此提供廢水處理的操作建議。並且透過承接操作維護中科的污水處理廠，山林水也進一步在臺中園區，申請通過成為行政院環保署的環境教育設施場所，可供學校機關申請辦理授課，共同推廣實施環境教育；以臺中園區為例，在 COVID-19 疫情之前，每年都有多達上千人次參與。

山林水承接操作維護中科污水處理廠，控制管理中心時刻關注水資源處理

多元發展循環經濟
創造企業經營利基

近年來從原來的水務處理、走向更多元的循環經濟，已成為山林水推動環境工程的發展

中部科學園區污水處理廠，已取得碳足跡標籤證書

台南市永康水資源回收中心及再生水廠，是山林水的重要工程之一

主軸。廖宗銘指出，早期的國家發展多會以經濟成長為優先，卻也經常忽略或犧牲環境品質；因此當經濟提升至一定程度，環境的修補與保護也就需要得到顧及；而從水資源處理和利用的角度，「再生水」就是個值得開發的大方向。

「山林水可說是和中科的發展腳步一起成長。」山林水成立之初，第一個承接中科的專案，就是虎尾園區的污水處理廠新建工程，後來還有七星園區、臺中園區的台中園區污水處理操作營運，以及零排放的中科二林園區等建設。

中科在二林園區開發期間，由於建置放流管的設計未被採納、環評也受阻，時值《再生水資源發展條例》通過實施，於是中科管理局改規劃以再生水系統來取代放流管；當時山林水正準備發展再生水業務，於是提出意向書，參與合作並通過環評，為園區建設做出貢獻。

廖宗銘說明，這項國內首見的科學園區再生水系統，其實就是將園區內廠商排出的廢水，經處理成再生水後加以重複使用，因此，不但不需要建設放流管排放到園區外，同時可讓廢水重新變成有價值的水資源，有利於產業發展；「尤其經過去（2021）年的旱象，很多人的觀念都改變了。」

2021年的乾旱引發缺水危機，由山林水承接的臺南永康再生水廠工程，雖然當時尚未完全竣工，但仍先以水車載運再生水供應南部科學園區，協助廠商度過難關，也算是在旱情時為產業盡了一份心力。

投注熱情與希望
開創未來的美好淨土

保護環境，是先進國家的重要指標。廖宗銘指出，瑞士洛桑管理學院評估開發國家時，污水下水道的普及率，是相當重要的一項指標；「只要有人的地方，就需要污水處理、需要環境工程，因此我們也需要持續精進，包括運用更有效率的管理營運，以及物聯網、大數據等科技技術，來提升環境工程的工作。」

目前廖宗銘正在推動企業再造與組織調整，透過新的制度和架構，重新塑造組織文化、提升公司競爭力。他指出，環境工程是一項綜合性的領域，專業技能上需要土木、建築、機械、電氣、消防、空調等各多方面人才；「我們更會加強人才的選用與培育，提供職能學習、職涯發展等更多配套措施，希望能夠留住更多人才，讓員工持續成長、與公司一同發展。」

廖宗銘說，環境工程的工作雖然相當辛苦，不論如何刮風下雨、地震旱澇，都必須堅守崗位、掌握情勢；但每完成一件工程，不僅很有成就感，為環境減輕負荷，同時也能為國家建設多盡一份力，為產業及社會發展做好準備。「我希望能為後代的子孫留下的，是更美好的居住環境，也是因為這樣的想法和使命，支撐我在環境工程持續走下去。」

Wa-People

南科管理局局長蘇振綱致力南科永續發展

一棒接一棒　26 週年產值破兆

揮汗耕耘，必歡欣收割！ 2021 年，南部科學園區 26 週年，在 COVID-19 疫情肆虐、臺灣百年大旱、國際大廠進駐、新廠興建隆隆等既挑戰又充滿生機的這一年，產值首度突破兆元大關，達新臺幣 1 兆 948.84 億元，年成長近三成。

南科管理局局長蘇振綱表示，「南科 2021 年營業額的成長，主要是拜半導體和光電產業所賜，尤其因為疫情造成晶片缺貨情況嚴重及價格高漲，使得半導體公司締造亮眼的高營業額。」他強調，「園區產值破兆，這是大喜事，大家都很高興呀！這是南科所有人，包括園區廠商及維持園區運作的人員，大家一起努力的

結果。」

蘇振綱 2021 年 1 月 22 日接任南科管理局局長，特別致詞感謝歷任局長，尤其是已故林威呈前局長的奉獻，為南科奠下完善的基礎。2021 年，南科半導體產業產值達 7556.52 億元，佔總產值 69%，光電產業達 2493.28 億元，佔總產值 23%，整體就業人數增加逾 4,000 人，突破 8.4 萬人，聚落效應蓬勃發展，欣欣向榮。

建構穩定的好環境

回顧 2021 年南臺灣天氣酷熱的 5-6 月間，大家揮汗打拼，一面抗旱，同時還要防疫，更有許多廠商緊鑼密鼓地趕著建廠，是很多南科人永遠難忘的記憶。蘇振綱表示，南科產值達

聚落效應蓬勃發展
南科產值首度破兆

文：王麗娟、陳玉鳳　　圖：古榮豐

南科成立於 1996 年，2021 年營收突破兆元，較 2020 年成長近三成。半導體產業表現尤其亮眼，約佔總產值近七成。隨著海內外投資持續加碼、南科基地從臺南、高雄路竹，延伸至橋頭、屏東及嘉義，串聯南臺灣科技廊帶，未來可望再締亮眼成績。

到兆元目標，除了要為舞台前亮眼的明星喝采，同時也要感謝許多幕後無名英雄的付出，「包括水、電、氣、環保等基礎設施的正常運作，建構了一個穩定良好的環境，廠商才能全力發揮。」

以防疫為例，2021 年 6 月，當大家得知苗栗竹南科技廠移工群聚感染事件後，都十分緊張。蘇振綱特別感謝臺南市政府與高雄市政府衛生局的幫忙，臺南市衛生局號召了 7 家醫院在臺南園區，高雄園區則委託秀傳醫院，同步於 6 月 9 日設置了篩檢站。醫事人員在戶外頂著酷熱天氣，穿著密不透風的兔寶寶裝，天天 8 小時全力支援，對南科近 9000 名移工，趕在一個禮拜內就完成全面篩檢！

身為南科管理局局長，蘇振綱要求同仁必須努力做到三件事，分別是：精實服務效能、開創園區發展動能，並共同營造友善環境。

首先，「南科精實服務效能就是要做到協助廠商解決痛點。」從產業用地、自來水源及再生水，以及逐步完成長短期供電策略，確保水電供給維持穩定，企業才能夠穩定生產。

開創發展動能　營造友善環境

其次，在開創園區發展動能方面，蘇振綱表示，「我們努力強化產業聚落效應，吸引廠商進駐南科。」如今南科的基地已從臺南園區、高雄園區，延伸至橋頭園區、屏東園區及嘉義園區，串聯起南臺灣科技廊帶，產業類別也朝多元化發展。

微光成炬，美耀南科！科技部部長吳政忠、成大校長蘇慧貞、臺南市副市長戴謙、立法委員林宜瑾、南科管理局局長蘇振綱、園區同業公會顧問謝其嘉董事長、園區同業公會副理事長陳麗芬、台積電副總經理王英郎於南科 2022 園慶參加植樹儀式，紀錄南科的故事（照片提供：南科管理局）

南科範圍延伸－南臺灣科技走廊

南部科學園區	一、臺南園區	一期基地	1995 年 05 月核定
		二期基地	2001 年 09 月核定
		三期基地擴建中：	2020 年 04 月核定
		一、二期面積 1043 公頃 三期擴建面積 84.51 公頃	
	二、高雄園區（路竹）	面積 567 公頃	
	三、橋頭園區	面積 262 公頃	
		通過環境影響評估 2021 年	
		開始招商	2021 年下半年
	四、屏東科學園區	面積 74 公頃	
		籌備辦公室揭牌	2022 年 3 月 26 日
	五、嘉義科學園區	面積 88 公頃	
		籌備辦公室揭牌	2022 年 4 月 3 日

資料來源：南科管理局　　整理製表：產業人物 Wa-People

隨著臺南園區及高雄園區出租率達 9 成以上，為了支持產業發展，目前臺南園區三期正在擴建環評中，目標希望能在 2023 年 7 月公共工程及廠商建廠同步施工。橋頭園區占地 262 公頃，已在 2021 年通過環境影響評估，並於下半年開始招商。

此外，在行政院院長蘇貞昌主持下，屏東科學園區及嘉義科學園區的籌備辦公室，已分別於 2022 年 3 月 26 日及 4 月 3 日揭牌，延伸了南科的成長基地。屏東科學園區面積 74 公頃，位於屏東高鐵特定區內，計畫發展智慧農醫、綠色材料、太空科技等產業。蘇振綱強調，臺灣資通訊 ICT 技術實力堅強，技術能量若能挹注到生物科技領域，一定可以推動精準健康產業更蓬勃發展；嘉義科學園區面積 88 公頃，位於嘉義縣太保市，靠近故宮南院、六腳鄉蒜頭糖廠的台糖太保農場，將建構為智慧農業、精準健康、智慧載具等產業聚落。

第三，在共同營造友善環境上，蘇振綱強調和諧永續的核心價值，在於為後代子孫留下資源，不讓資源在我們這一代被消耗殆盡。蘇振綱回憶起自己當年的長官，營建署署長林益厚在擔任墾丁國家公園管

南科 2022 園慶暨集團結婚，科技部部長吳政忠、臺南市副市長戴謙、立法委員林宜瑾、成大校長蘇慧貞、南科管理局局長蘇振綱、園區同業公會顧問謝其嘉董事長、園區同業公會副理事長陳麗芬、台積電副總經理王英郎向 50 對新人道賀（照片提供：南科管理局）

理處處長時，大力復育梅花鹿，如今卓然有成。蘇振綱說，「臺南園區以前是鹿場，先民在此養鹿，所以我們的公共藝術是鹿。」「現在這塊地被開發做為生產用途，但是千百年後可能移作他用，所以必須確保我們的使用方法不會傷害到土地。」

臺南園區設有生態保護區，運用生態廊道的概念，以綠帶串聯保護區、堤塘湖區，共記錄到白腹秧雞、珠頸斑鳩及珍貴的稀有保育鳥類環頸雉穿梭其中。此外，在開發橋頭園區的過程中，南科管理局也成立了「東方草鴞保育推動小組」。

蘇振綱表示，南科廠商致力興建鑽石級的綠建築、推行綠色生產，包括節水、節電、綠電，優化能資源使用等，努力讓科技跟環境永續和諧共處，降低生產開發對生態環境的衝擊。此外，南科也致力於營造友善職場，讓園區員工安心就業，和諧共榮。

創新三螺旋　成長可期

「凝聚產、學、研創新三螺旋（Triple Helix），才會有火花或新創意，」蘇振綱表示，「我們期待人才從學校訓練出來後，能夠很快

跟產業串聯，因此成立了南部科學園區產學協會。」他強調，就像清大、交大之於竹科，由成功大學領頭，結合週邊的科技大學，對南科的快速成長，是極為關鍵的推動力。

展望未來，隨著台積電、聯電、華邦、台達電大手筆投資南科，半導體供應鏈大廠應用材料（Applied Materials）、英特格（Entegris）、艾斯摩爾（ASML）、默克（Merck）等公司也積極進駐南科。加上工研院以「南方雨林計畫」推動化合物半導體的發展，包括穩懋及宏捷，也分別在高雄園區及臺南園區積極擴產。

位於路竹的高雄園區，目前廠商擴廠隆隆，很是熱鬧。蘇振綱說，「2021年南科產值破兆，只是開端，因為許多廠商都還在加碼產能。」南科管理局估計，未來隨著華邦、鵬鼎、穩懋、華爾卡（VALQUA）、東麗（TORAY）、東喜璐（Tohcello）、英特格、默克等高雄園區的廠商進入量產後，將為南科再添產值 2500 到 3000 億元，從業人員也可望翻倍，從目前近 9000 人，再增加 1 萬個工作機會。

以產業別看，南科已引進積體電路、光電、精密機械、通訊、電腦及周邊、生物技術等六大產業。蘇振綱表示，目前有近 90 家生技業者進駐南科，2021 年營業額已成長至 134 億元。2021 年亞洲生技大展上，蘇振綱親自率領儕陞生化、錫德斯生醫、建誼生技、俊質生醫等 10家智慧生醫廠商參與，展現優異的研發成果。此外，南科的四家生技廠商，包括儕陞生化、俊質生醫、生展生物，及亞果生醫，更獲 2021年「國家新創獎」肯定。

Wa-People

崇越布局大健康事業
安永鱸魚精獲國家級認證

文：王麗娟　圖：崇越科技、安永鮮物

提升防護力，增進健康生活！崇越集團投資大健康事業，投注眾多資源研發出「安永鮮物鱸魚精」，從精選具產銷履歷的健康金目鱸魚，到依據人體所需營養，歷經 36 次科學實驗，調整魚身、魚骨與魚皮精萃比例，以科學化製程萃取精煉出鱸魚精華，不但屢獲大獎肯定，更已銷售海內外，獲得顧客高度信賴。

崇越 2021 營收創新高

從半導體矽晶圓、光阻劑到研磨液等關鍵材料，崇越科技（TOPCO）專注半導體材料設備及整合服務，累積 31 年的經營服務，於 2021 年締造營收新台幣 426.69 億元，創下歷史新高。回顧 1990 年，崇越初創時資本額 500 萬元，員工只有 8 名，如今員工已超過 1300 人。

2021 年全球半導體供應鏈漲價，崇越科技的客戶積極洽談訂單，如今崇越除了掌握 2022 至 2024 年的訂單需求，價格也都已經敲定；此外，客戶已進一步商談，確認 2025 至 2027 年的訂單需求量。

成立 31 年來，崇越科技發展成集團陣容，支持著臺灣產業快速發展，業績屢創新高。崇越集團董事長郭智輝，不僅個人獲得第 9 屆「國家卓越成就獎」、第 19 屆國家十大傑出經理人總經理獎、2017 年「安永企業家獎」年度大獎，近年來他對大健康事業的投入與遠見，更為人津津樂道。

大健康，臺灣下一個兆元產業

除了支持產業成長，郭智輝近年來也在飲食、運動這兩大方面，積極投入大健康事業。每回接受媒體採訪時總不忘呼籲，健康飲食與適當運動，是健康的關鍵。

在飲食方面，崇越集團 2012 年投資成立安永生活、安永生物科技，將高科技產業的科學、技術與效率，投入健康食品產業。2016 年投資

崇越集團旗下商品—安永鱸魚精獲頒「國家生技醫療品質獎」銅獎，
由崇越集團副董事長賴杉桂（右）代表出席受獎

設立宜蘭安永樂活，除了邀請民眾近距離認識安永的技術與堅持，同時更積極培育下一代對食品安全的認識。

2018 年生鮮通路品牌「安永鮮物」健康超市，推廣無添加物及健康永續精神，如今已擴展至九家直營門市；另外，在餐飲方面，也打造「安永鮮食」、「安永食堂」，以及位於台北大學三峽校區的「學長的店」，共有四個直營門市。

努力多年，崇越科技轉投資的安永集團已樹立起生鮮健康食品的形象。

在運動方面，郭智輝熱愛棒球，管理上也非常重視運動員般的團隊合作精神。崇越集團

安永鱸魚精榮獲「國家生技醫療品質獎」銅獎，以及「SNQ 國家品質標章」肯定（左起：崇越集團副董事長賴杉桂、生策會創辦人王金平、安永生活副總經理陳利澤）

於 2011 年成立棒球隊，2019 年 8 月結合「安永鮮物」在健康食品建立的社會形象，將球隊更名為「安永鮮物棒球隊」，並聘請前職棒兄

弟象隊的頭號強打吳思賢擔任總教練。

此外，崇越集團在臺北大學三峽校區運動中心，創立專業運動訓練品牌「XPORTS」，除了投資上千萬元建置運動訓練機制及室內棒球、壘球練習場，打造良好的訓練基地外，郭智輝也期許在此打造臺灣的「費雪運動訓練中心」，針對運動員的評估與訓練、物理治療與體適能專業，扮演臺灣運動員的夢想推手。

2021 年開春，為了幫助專業運動員接軌國際頂尖的肌力訓練與理療復健，強化個人極致的運動表現，崇越「XPORTS」又耗資千萬元自日本鳥取縣引進「初動負荷訓練器材」，並邀請日本前職棒強投陳冠宇加盟安永鮮物棒球隊。郭智輝說，XPORTS除了服務專業的運動選手，也歡迎一般民眾參加，透過體能評估及專業訓練課程，提升體能。他強調，「吃得健康，正確地運動，保持愉快的心情，日子就會很快樂」。

2021 年 1 月，崇越集團董事長郭智輝（右 2）、副董事長賴杉桂（左 3）、XPORTS 總經理陳杰成（左 1）出席崇越集團專業運動訓練品牌「XPORTS」發表會暨旅日棒球投手陳冠宇（右 3）加盟「安永鮮物棒球隊」記者會

明星商品　安永鱸魚精

「安永鮮物」超市裡，鮮活水產、肉品、輕鬆料理包、養生藥膳，以及元氣補充產品，深獲忙碌上班族與重視健康的家庭主婦及煮夫喜愛。

2022 年 1 月，屢獲國際大獎肯定的安永鱸魚精，在被譽為「生醫界奧斯卡獎」的國家生技醫療產業策進會（簡稱「生策會」）國家品質標章（SNQ）評比中脫穎而出，榮獲第 24 屆「國家生技醫療品質獎」銅獎，以及「SNQ 國家品質標章」肯定。

生策會 SNQ 國家品質標章（Symbol of national Quality，代表 Safety and Quality），為全民健康把關，召集全國最權威的學者專家，每年的評比皆經過嚴謹、專業的科學驗證審查。

首次參加 SNQ 評比就獲得肯定的安永鱸魚精，從優質漁源、科學配方驗證、到生產過程，皆有精密的控管步驟。安永選用生態養殖、具產銷履歷認證的金目鱸魚，確保來源無毒及安心合格。採用魚種來自高屏地區，透過與地方優質的業者與青年養殖戶契作，從生產、飼料、養殖全程品質控管，以益生菌增強水產的抵抗力，並經藥物無殘留檢驗，確保安全無虞。

獲獎的背後，蘊含著長時間技術研發、細節管理，以及守護大眾健康的初衷。以安永鱸魚精為例，為了保持絕對新鮮、鎖住養分，安永獨家引進日本 CAS 急速冷凍保鮮技術，結合母集團崇越科技的優勢，利用生物科技程序萃取魚肉、魚骨和魚鱗的營養精華，分解成小分子胜肽及胺基酸，更易被人體吸收，讓食慾不振、消化功能較弱的人、病後補養者，或是提供懷孕及哺乳媽媽營養補充，能快速獲得身體必要的能量。

崇越集團以「安永事業」跨足保健食品，以源頭控管、細胞活存急凍技術，榮獲「第 24 屆國家生技醫療品質獎」銅獎肯定

安永鱸魚精榮譽榜

年份	榮譽
2018~2021	連續四年獲得 Monde Selection 金獎
2019	銀髮友善食品包裝設計獎
2020	國際高品質獎
2020~2021	國際 A.A. 無添加發展促進會最高榮譽三星驗證
2021	康健雜誌讀者票選《魚精類品牌信任度》第一名
2021	獲第 24 屆「國家生技醫療品質獎」銅獎及「SNQ 國家品質標章」

整理製表：產業人物 Wa-People

運用科技思維　照顧最在乎的人

安永更採用世界公認最嚴謹的 FSSC22000 食品安全管理系統，也因此能夠成功爭取到 SNQ 國家品質標章認證。安永的員工經過嚴謹的教育培訓，如今都理解老闆做事毫不馬虎、「超頂真」的態度，並早已將結合良好作業規範（GMP）、食品安全管制系統（HACCP）的食品安全管理系統 FSSC 22000，內化並視為日常。

此外，安永鱸魚精也持續與各大學合作，進行科學驗證，投入更廣泛的研究，研發成果已在 2021 年國際學術期刊 Frontiers in Physiology 中發表。

已連續四年榮獲 Monde Selection 世界品質品鑑大賞金獎肯定的安永鱸魚精，不但是熱賣商品，郭智輝也用這項產品來照顧自家員工。2020 年新冠肺炎疫情爆發時，郭智輝第一時間就為員工準備防疫包；2021 年，他更對所有員工每天發送一包安永鱸魚精，照顧全員健康。

「安永鱸魚精可以提升體力」，已在臺灣、美國、新加坡、馬來西亞累積許多消費者的好口碑。2022 年，安永鱸魚精又獲肯定，拿下第 24 屆「國家生技醫療品質獎」銅獎，以及「SNQ 國家品質標章」肯定。在獲獎的喜悅中，安永鮮物表示，未來將持續將此王牌商品推廣到全球市場。

郭智輝說：「在大健康產業領域裡，科技人可以做得更多。從食材源頭控管、活存急凍技術、半導體級潔淨加工、產品確效，崇越集團運用科技專業，有系統地建立每個環節的品質管控流程，滿足消費者對健康的期待。」

Wa-People

帶著使命感做研究
開創全球
材料科學新領域

文：王麗娟　圖：李慧臻

清華大學材料科學工程學系特聘教授葉均蔚，2021年獲頒「傑出科技貢獻獎」，肯定他再造元素週期表新生命，自主開創「高熵合金（High-Entropy Alloys）」新科技，引領全球材料科學研究新顯學，研發成果造福產業，並改善人類生活，對臺灣及全世界做出重要貢獻。

全世界第一個「高熵材料研發中心」，2018年在科技部及教育部支持下，於高熵合金的發明地，清華大學成立。高熵中心成立以來，研發活力十足，不但結合 11 所大學、32 位教授及專家參與研究，更協助產業發展關鍵的零組件，提升我國材料自主研發能力及國際競爭力。

發明並被譽為「高熵合金（High-Entropy Alloys）之父」的清華大學材料科學工程學系特聘教授葉均蔚（Dr. Jien-Wei Yeh），自 1995 年起，持續投入超過 26 年研究高熵合金，如今更率領高熵中心，投入特殊合金、超硬合金及超耐溫複材、耐腐蝕材料、功能性薄膜、功能性陶瓷、生醫材料及相關學理研究，著重智慧機械、綠能、國防、生醫、航太產業之應用。

2021 傑出科技貢獻獎

2021年底，行政院副院長沈榮津頒發葉均蔚「傑出科技貢獻獎」，肯定他在高熵合金領域對臺灣及全世界的貢獻。葉均蔚的研究與專利技轉成果豐碩，至今已發表 180 餘篇高熵論文。他帶領著團隊，讓臺灣成為高熵合金技術的全球領先者。

高熵合金如今成了熱門的材料領域，十幾年間，葉均蔚的論文被引用次數已超過 3 萬多次，全球投入研究的論文，已累計突破 8 千篇。2014 年，葉均蔚與國際知名材料學家合著「高熵合金」（High-entropy alloys）教科書，出版了全世界第一本完整介紹高熵合金的著作。接著在 2016 年、2019 年又推出新書，已成為研究高熵合金的經典。

「高熵合金」之父葉均蔚（Dr. Jien-Wei Yeh）

2016 年 5 月 19 日權威學術期刊《Nature》以專題報導，推崇葉均蔚的發明，並向世人介紹高熵合金研究發源地就在臺灣。

根據丹福大學 2021 年的統計，在全球 22 個研究領域、從八百萬名篩選出來的十幾萬名頂尖科學家中，葉均蔚影響力排名 277。在材料領域中，葉均蔚排名全球第三，同時是華人第一。

再造元素週期表新生命 - 高熵合金

從大學到博士，葉均蔚的學術生涯，皆在清華大學材料系完成。1995 年起，他以九年期間，在沒有任何論文或書籍可做參考的情況下，自主展開研究、以追求甚解的精神，把原理、關聯性都想清楚後，便全力投入研究與驗證工

「高熵合金」定義及範圍

- ◆ 五種以上的主元素混合
- ◆ 每個主元素原子介於 5% 至 35% 之間
- ◆ 每個次元素小於 5%
- ◆ 賦予元素週期表新生命
- ◆ 產生無限配方組合及材料性質

作。終於，他成功證明他的假設是對的 -「當成分含多種高比例的金屬元素時，反而會產生高熵效應來促進元素間的互相熔合。」！

2004 這一年，葉均蔚對全球發表他研究多年、石破天驚的多篇高熵合金（High-Entropy Alloys）論文。他命名、定義高熵合金，同時破

解過去金屬材料研究的迷思。自古以來，大家都認為當合金元素添加的種類越多、比例越高時，會越難熔合；即使熔合，也會形成大量脆性化合物，變得毫無用處。

葉均蔚證明，一個合金可以有三、四、五或更多元素，更多元素有更大的「熵」，亦即更大的亂度，然而，靠著「高熵合金四大效應」，包括：高熵、緩慢擴散、晶格扭曲，及雞尾酒。」就可以改善材料性質。

所有物質來自於元素週期表，材料的進步促進了人類文明，但過去所有的材料都以一個元素為主，葉均蔚發明的高熵合金突破了舊觀念。高熵合金材料，讓週期表有了新生命。他強調，新的高熵材料種類多如天上的星星，更好的材料可改善生活。

呼應「自強不息、厚德載物」校訓

1914 年 11 月，梁啟超受邀到清華大學演講「君子」。他以《周易》乾坤二卦辭：「天行健，君子以自強不息；地勢坤，君子以厚德載物」為中心，期許清華學子成為新時代的「真君子」。新竹建校後，于右任所書校訓「自強不息、厚德載物」，題於大禮堂外牆，從此成為清華大學校訓的代表樣式。

「熔合靠的就是熵（entropy），厚德載物就是熵大，能孕育萬物，」葉均蔚說自己「高熵合金」的發明，呼應了清華大學的校訓，「天行健，自強不息」是全陽卦，代表高度活躍能量，積極進取；「地勢坤，厚德載物」是全陰卦，代表高度的和諧融合，包容大度，高熵合金即強調融合力做成合金。

高熵合金材料，如今已廣泛應用於民生及各種產業。例如：CNC 加工機的第四軸第五軸（分度盤）無鉛蝸輪，耐磨損能力為傳統銅合金蝸輪的 2.6 倍，大幅提升我國加工機精度；無

葉均蔚榮譽榜

2000 — 教育部「產學合作獎」

2003 — 侯金堆傑出榮譽獎

2004 — 對全球發表「高熵合金」（High-Entropy Alloys）論文，從此被譽為「高熵合金」之父

2014 — 受邀與國際知名材料學家合著全球第一本「高熵合金」（High-Entropy Alloys）教科書（Elsevier 出版）

2015 — 材料科學學會第七屆會士（Fellow）

2016 — 權威雜誌 Nature 對高熵合金進行專題報導，推崇葉均蔚教授發明高熵合金，及臺灣為高熵合金發源地

2016 — 新書 High-Entropy Alloys Fundamentals and Applications（Springer 出版）

2017 — 陸志鴻先生紀念獎

2017 — 105 年度科技部「傑出研究獎」

2018 — 全世界第一個「高熵材料研發中心」成立擔任「高熵材料研發中心」主任

2019 — 新書 High-Entropy Alloys 2nd Edition（Elsevier 出版）

2019 — 中技社六十周年「科學貢獻獎」

2019 — 全球首屆「高熵合金」高峰會（HEA 2019）「非凡貢獻獎」

2020 — 高熵團隊申請通過科技部「價創計畫」，目標為衍生創立公司，將技術商業化推廣至業界

2020 — 「第二十七屆東元獎」（科技類獎）

2021 — 「高熵材料科技股份有限公司」核准設立，為全球首家高熵合金材料整體解決方案供應商

2021 — 行政院「傑出科技貢獻獎」

整理製表：產業人物 Wa-People

高熵超合金葉輪

高熵油井軸承

高熵骨板及骨柄

高熵合金硬膜

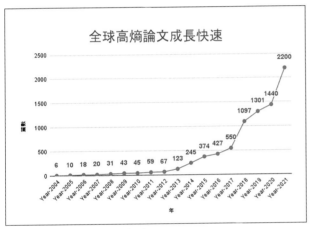

全球高熵論文成長快速

高熵合金應用廣　協助產業升級

高熵合金具備取代傳統合金的能力，新配方的合金可展現特殊優異性質，突破傳統材料的瓶頸，可以進一步提高產品與機器設備的性能、降低成本，並在製程中減少有害物質等。

從零開始，在眾人一致質疑聲中，葉均蔚不但靠著自己的力量開發出高熵合金，帶動了全世界的學術研究，同時，也展開應用性的研究。

2020年，高熵團隊申請通過科技部「價創計畫」，目標為衍生創立公司，將技術商業化推廣至業界。2021年，「高熵材料科技股份有限公司」核准設立，成為全球首家高熵合金材料整體解決方案供應商，並以獨步全球的高熵合金設計能力、優秀的高熵合金製造技術，以及傑出的高熵合金產品開發能力等三大核心技術服務業界。

針對工業界的許多材料瓶頸，葉均蔚早已觀察到了。滿懷使命感的他，不斷致力於開發新的材質配方，以及製程的研究。因此，當有人帶著問題找上門時，他經常能夠很快就拿出現成的高熵合金材料來幫助解題。

展望未來，葉均蔚表示，希望「高熵材料研發中心」在政府支持下，能與更多教授、學生一起投入研究開發，為學術界及產業界培養更多優秀人才。

他強調，臺灣許多產業經過幾十年努力，已經與世界第一並駕齊驅，「如果要超越他們，就需要更好的材料。」「我們臺灣產業很會加工、自動化、品質管理、成本管理，但材料方面大都是國外進口，缺乏自主性」，葉均蔚說，「我希望國內的廠商多與我們合作，利用高熵合金，提高材料自主性，協助國內產業再升級。」

火花防爆手工具，取代傳統有毒的鈹銅合金工具，徹底解決全球長期以來，因為鈹毒產生的勞工健康及環保問題，目前已經幫助了六家手工具業者採用；此外，因應後疫情時代，將高熵合金作為高抗菌抗病毒刀具、鑽板、門把、欄杆，避免感染，促進世人健康。

還有，針對高溫、高壓及高腐蝕的應用，廠商找上葉均蔚想辦法，以高熵合金打造深入地下的管線，對台灣汲取蘊藏豐富的地熱發電，可發揮極大效益。地熱發電是零二氧化碳排放的綠色發電，如宜蘭清水的地熱發電，2021年底已經正式營運，成為臺灣第一家地熱發電廠，可以供應一萬戶的用電。

Wa-People

前排左起，IEEE 固態電路學會台北分會主席林宗賢、台大電機系汪重光教授、力旺電子創辦人暨董事長徐清祥與與 2021 A-SSCC 論文獲選者合影

2021 A-SSCC
臺灣 14 篇論文全球矚目

文：王麗娟　圖：李慧臻

2021 年 IEEE 亞洲固態電路會議（IEEE A-SSCC）於 2021 年 11 月 7 日起於韓國一連舉行四天，展示最先進的 IC 與系統晶片設計，今年臺灣有 14 篇論文獲選，包括陽明交通大學 6 篇、清華大學 3 篇、臺灣大學 2 篇、成功大學 1 篇、中興大學 1 篇及工研院 1 篇，研發實力受國際矚目。2022 年此項會議將輪到臺灣主辦，相信規模將較往年更加盛大。

IEEE 固態電路學會台北分會主席，臺灣大學電子工程學研究所所長林宗賢表示，IEEE 旗下的國際固態電路會議（I-SSCC），以及亞洲固態電路會議（A-SSCC），被視為是全世界 IC 設計領域的旗艦型研討會，產業界與學界的研究論文若被錄取，就表示研究成果受到高度肯定。林宗賢呼籲學生及年輕人可以透過這兩個國際盛會，了解未來產業的發展方向，同時也是掌握未來趨勢很好的方式。

2021 聚焦智能產品

2021 年 A-SSCC 大會主題聚焦在「串聯各種智能產品的 IC 和系統（Intergrated Circuits and Systems for the Connection of Intelligent Things）」，大會特別邀請四位半導體傑出人士發表專題演講，分別是力旺電子董事長徐清祥發表的「用於智能電子的零信任安全」（Zero Trust Security for Intelligent Electronics）、韓國三星電子元件事業部技術長 ES Jung 博士發表的「在智能互聯網世界用矽創造未來」（Creating the Future with Silicon in the Smart & Connected World）、香港科大 Zexiang Li 教授發表的「從實驗室到新創企業：重塑工程教育」（From Labs to Startups：Reinventing Engineering Education）以及日本東京大學 Takao Someya 教授發表的「用於機器人和可穿戴設備的電子皮膚」（Electronic Skins for Robotics and Wearables）。

A-SSCC 自 2005 年起舉辦，當時亞洲在 IC 設計的蓬勃發展，重要性與日俱增，因此台大電機系汪重光教授及鈺創董事長盧超群倡議，主張在亞洲舉辦 A-SSCC，輪流每年在臺灣、中國、日本、韓國舉辦，2021 年 A-SSCC 邁入第 17 屆，受疫情影響以實體加線上型式舉行。林宗賢說，臺灣今年在產學研界熱切參與下，在

IEEE 固態電路學會台北分會主席林宗賢教授預告，2022 年 IEEE A-SSCC 將在臺灣盛大舉行

A-SSCC 再創佳績，獲選論文共 14 篇。其中臺灣大學獲選者包括林宗賢教授團隊及楊家驤教授團隊各 1 篇，合計 2 篇；陽明交通大學包括陳巍仁教授團隊 3 篇、張錫嘉教授團隊 1 篇、盧志文教授團隊 1 篇、陳科宏教授團隊 1 篇，合計 6 篇；清華大學包括謝志成教授團隊 1 篇、彭朋瑞教授團隊 1 篇，以及謝秉璇、林凡異、黃柏鈞、黃元豪教授團隊跨系所合作 1 篇，合計 3 篇；成功大學郭泰豪教授團隊 1 篇、中興大學楊清淵教授團隊 1 篇，以及工研院電光系統所 AI on Chip 技術團隊 1 篇。身為 IEEE 固態電路學會台北分會主席，林宗賢預告，2022 年的 A-SSCC 盛會將由臺灣負責主辦，相信規模將較往年更加盛大。

論文屢獲肯定、因此決心創力旺

全球最大邏輯製程非揮發性記憶體 IP 廠商力旺電子（eMemory）創辦人暨董事長徐清祥於 2021 年 IEEE A-SSCC 發表專題演講。談到 21 年前創業的勇氣，其實是源自研究論文屢獲國際肯定。

半導體 IP，正式名稱為「矽智財」或「矽智產」（Silicon Intellectual Property，簡稱 SIP），是經過設計，且在製程上驗證過，可以重複使用的電路模組。隨著晶片設計的複雜度越來越高，其重要性也更受重視。

徐清祥 2000 年創立力旺電子，定位在提供非揮發性記憶體（NVM）IP，在邏輯製程上，協助晶片開發者，更容易地在晶片內嵌入記憶體，提升晶片價值，同時加快晶片開發速度，其應用遍及各種電子產品。

自清華大學電機系畢業後赴美深造，徐清祥 1987 年取得伊利諾伊大學香檳分校博士學位後加入 IBM T.J. 華生研究中心（IBM T.J. Watson Research Center）擔任研究員。1992 年至 2000 年他回到母校清華大學擔任電機工程系教授，2000 年創業前的三年時間，他是清華大學電子工程研究所所長。

喜愛技術研究的徐清祥，擁有超過 200 個半導體相關專利，發表學術論文超過 120 篇。他說，當年他在清華大學擔任教授時，發表了不少論文，屢獲國際知名的元件會議肯定，於是心想，既然自己的研究能夠受到國際肯定，表示研究做得不錯，解題重點也是大家都想知道的，因此，增加了創業的決心，進而將研究內容商業化，這就是力旺電子誕生的緣起。

從研究到應用

徐清祥指出，臺灣的半導體代工產值佔全球 64%，IC 設計佔全球產值 22%，封裝測試佔56%，近來因產業鏈供需問題，更加突顯臺灣半導體產業在全世界的重要性。這些都要感謝各所學校的教授與學生，持續創新研發，並提供業界很多優秀人才，讓業界的半導體實力越來越強。徐清祥向研究論文獲選的教授與研究團隊道賀，同時也以自己的親身經驗鼓勵大家「可

力旺電子創辦人暨董事長徐清祥，受邀在 IEEE A-SSCC 談晶片指紋技術與網路安全

力旺電子里程碑

2000	力旺電子（eMemory）成立
2010	榮獲富比士評比 "Asia's 200 Best Under A Billion" 榮獲台積公司 "IP Partner Award"
2011	1 月 24 日掛牌上櫃
2014	年度營收突破新台幣 10 億元
2017	榮獲竹科管理局頒發「研發成效獎」及「優良廠商創新產品獎」
2019	榮獲經濟部「國家產業創新獎」榮獲 ISSCC 2019 Takuo Sugano Award 傑出論文獎 成立熵碼科技（PUFsecurity）
2020	專利 NeoPUF 獲「國家發明創作獎金牌獎」
2021	連續十二年獲台積公司 "IP Partner Award" 年度營收突破新台幣 20 億元，達 23.64 億元

資料來源：力旺電子、股市觀測站
整理製表：產業人物 Wa-People

以思考一下，是否可以將研究主題變成業界可以應用的東西。」

2021 年 A-SSCC 獲選論文榜

學校	系所	作者	篇數
陽明交通大學	電子所	陳魏仁教授團隊	3
	電子所	張錫嘉教授團隊	1
	光電學院	盧志文教授團隊	1
	電機系	陳科宏教授團隊	1
清華大學	電機系	謝志成教授團隊	1
	電機系	彭朋瑞教授團隊	1
	電機系、光電所 通訊所	謝秉璇、林凡異 黃柏鈞、黃元豪教授團隊	1
臺灣大學	電子所	林宗賢教授團隊	1
	電機系	楊家驤教授團隊	1
中興大學	電機系	楊清淵教授團隊	1
成功大學	電機系	郭泰豪教授團隊	1
工研院	電光系統所	AI on Chip 技術團隊	1

資料來源：IEEE A-SSCC　　　　　　　　　　　整理製表：產業人物 Wa-People

　　A-SSCC 大會邀請徐清祥發表專題演講，他以「零信任的通訊與網路架構下，晶片安全的發展」為題，強調在萬物聯網的時代，網路安全越來越重要。在零信任架構（Zero Turst Architecture）提出後，網路上的各個元件之間，為了安全，彼此互不信任。為了取得信任並展開安全的通訊，力旺近年來發明了一個重要的基礎技術，能在每一個晶片上，產生自己的原生指紋。該技術以硬體方式，彷彿賦予晶片獨一無二的身分證，可據以順利地在網路上，進行安全通訊。

　　從門鎖、電腦，到萬物聯網，以及未來無人駕駛的汽車，需要安全通訊的應用越來越多。力旺研發的晶片指紋技術，在 2018 年發表後，隔年獲得 IEEE 國際固態電路會議（IEEE I-SSCC）最佳論文獎，被認為將對網路安全、5G 及物聯網安全帶來極大貢獻。徐清祥說，這項晶片指紋技術將可解決網路安全的問題，也讓力旺決定從記憶體跨足到網路安全，拓展出另一個商業機會，並於 2019 年成立了熵碼科技（PUFsecurity）。

Wa-People

工研院協理兼南分院執行長吳誠文感謝工研院院長劉文雄對「南方雨林計畫」的大力支持

臺灣的半導體產業舉世聞名，美日等先進國家競相邀請台積電前去設廠，就是希望自己國家境內也能擁有半導體產能，免受供應鏈斷鏈之苦。臺灣半導體產業風光無限，然而光環集中於矽基半導體，相對而言，化合物半導體領域的進展較為有限，這是臺灣必須正視的問題。

從推動化合物半導產業在臺灣生根茁壯的前提出發，「南方雨林計畫」其實是一個「一箭三鵰的好策略」。其一是建立化合物半導體自主研發及製造能力；其二是推動南臺灣產業跨入高科技領域；其三是在化合物半導體產業構建的基礎上，進一步帶動相關應用的百花盛開，「就如同雨林涵養萬物，豐富在地多樣生態一樣，化合物半導體也能帶給南臺灣多樣的應用與新產業，」工研院協理兼南分院執行長吳誠文說。

電動車重要元件　需及早布局

隨著電動車、綠能、5G 等應用市場的熱絡，能夠有效提升轉換效率的化合物半導體，例如氮化鎵（GaN）和碳化矽（SiC）等受到空前重視，「以電動車來說，大家都認為這是環保趨勢下的必然產物，然而電動車如果要有傑出的節能減碳表現，重點在於電能轉換為動能的轉換效率必須夠高，化合物半導體正是提升轉換效率的利器之一，」吳誠文直指電動車的環保表現關鍵點。

政府引導民間投資
南臺灣布局新科技
勇闖化合物半導體新世界

文：陳玉鳳　　圖：蔡鴻謀、工研院

雨林涵養豐沛能量，孕育豐茂物種。繼 1980 年代打造臺灣半導體產業之後，工研院鏈結產官學研界，戰略布局「南方雨林計畫」，以「化合物半導體」推動車用電子、綠能電子、高頻通訊等應用，積極打造南臺灣多樣應用與新產業面貌。

電動車的動力總成（Powertrain）、電動車車載充電器、光達（LiDAR）以及 5G 基地台、太陽能和風力發電等設備，皆是化合物的熱門的應用領域，這些應用的快速成長，將推動化合物半導體成為搶手貨。

根據國際半導體產業協會（SEMI）發布的功率暨化合物半導體晶圓廠至 2024 年展望報告，全球功率暨化合物半導體元件晶圓廠產能 2023 年可望首次攀至千萬片晶圓大關，8 吋晶圓月產能達 1024 萬片。化合物半導體的趨勢扶搖直上，報告中並預估 2023 年中國將佔全球產能最大比例，達到 33%，其次是日本的 17%，歐洲和中東地區的 16%，以及臺灣的 11%。

國安戰略物資　臺灣必須自行掌握

中國將氮化鎵（GaN）和碳化矽（SiC）等「化合物半導體」稱為第三代半導體，這是因為中國在第一代的矽基半導體，以及第二代的砷化鎵（GaAs）及磷化銦（InP）等半導體的表現皆落後國際，希望在化合物半導體，能夠扳回一城，因此特別喊出第三代。中國於 2021 年 10 月提出的「十四五（第 14 個五年）規劃」中宣稱，針對第三代半導體相關技術領域將投入約 10 兆人民幣的資金。

以國家之力支持，且擁有全球最大的化合物半導體市場，沒有人敢忽視中國化合物半導體產業的後續發展。美中科技戰及新冠肺炎疫

工研院 2021 年 9 月底舉辦「南方雨林計畫啟動發表會」，宣布攜手產官學研投入化合物半導體及車用動力電子的發展，打造南臺灣產業的半導體雨林。右起工研院協理吳誠文、經濟部技術處簡任技正林浩鉅、經濟部工業局副組長呂正欽、臺南市長黃偉哲、經濟部次長曾文生、副總統賴清德、工研院院長劉文雄、億載會會長鍾杰霖、機械公會理事長魏燦文、崑山科技大學副校長周煥銘。工研院／提供

情等因素導致的產業鏈變遷危機歷歷在目，有著他國的前車之鑑，臺灣當然必須擁有自己的化合物半導體產業，才不會受制於人。

「化合物已經上升到國安戰略物資的重要地位，所以，臺灣必須建立自己的化合物半導體產業，」吳誠文說得斬釘截鐵。

發揮既有影響力　打進新領域

化合物半導體產業的重要性無庸置疑，但是為何選擇在南部推動產業的建立？

「因為臺灣的車用零組件產業集中在南部，這是臺灣其他地區沒有的優勢，」吳誠文指出化合物半導體的最大潛力應用市場，現階段非電動車莫屬，而南部產業的車用零組件產業能量豐沛，其中藏著多個隱形冠軍，這些企業和世界級車廠的關係緊密且長久，「他們與客戶之間早已建立暢通的溝通管道，非常適合帶領臺灣的化合物半導體打入電動車供應鏈。」

從一個角度來看，南部的汽機車零配件供應商也急於轉型、找尋新的出路。「現今車輛的電子化及數位化程度快速提高，隨著科技進步及時勢變遷，許多傳統車輛零配件未來難保不會消失，有遠見的企業當然會想及早布局，

希望與國際車廠的合作關係，能從傳統燃料車延續至新興電動車領域。因此，這些廠商必須端出新菜單，客戶才會繼續買單。

推動傳統產業轉進科技產業，甚至是半導體產業，現在正是好時機。因為許多誕生自臺灣經濟起飛時期的企業，現在正面臨接班，「新上場的青壯年領導者頗有意願切入科技業，化合物半導體正是機會所在。」吳誠文說。

火車頭帶動　促進新興應用發展

化合物半導體的需求節節上漲、臺灣必須掌握化合物半導體的自主生產能力、南部車用零配件業者與國際車廠關係緊密、擅長車用金屬件及塑膠件的汽車零組件業者，看好電動車及自駕車商機，迫切苦思轉型進入科技業…這些思緒在吳誠文腦中盤旋，而交集正是「南方雨林計畫」。

「南方雨林計畫」的核心，是政府引導民間投資，以四年為目標，要在南臺灣打造化合物半導體的整合元件製造公司（IDM），協助車用零組件廠打造功率元件生態系，從設計、製造、封測到元件與模組，連結到車用動力電子，搭配的還有原料、設備、晶圓切磨、熱處理封

副總統賴清德（中）、經濟部次長曾文生（右一）及億載會會長鍾杰霖（左一）的見證下，工研院院長劉文雄（左二）與臺南市市長黃偉哲（右二）合作簽約，雙方承諾將合作打造全臺第一座以電動車應用與化合物半導體動力電子為核心的應用產業專區，推動化合物半導體的產業生態系發展。工研院／提供

裝、軟體工具等，透過本土研發及國內外合作，希望能達到試量產並衍生新的事業體。

吳誠文進一步提到，「中長期來看，我們希望以車用動力電子扮演火車頭的角色，在建立技術能量和營運規模後，未來還可以帶動更多業者打入更高壓的軌道車、工業馬達，及再生能源電網等市場。」

扮演關鍵推手　調和各界力量

雖然前景美好，然而一個產業的建立又是談何容易？尤其是目前最受電動車青睞的的碳化矽（SiC）高壓高功率元件的技術門檻極高，從原料、設備、長晶、切割、研磨、磊晶到模組，每一個關卡的跨越皆非易事，碳化矽晶圓和元件幾乎都掌握在美日大廠手中，例如美國的 Cree、日本的 Rohm 等，臺灣該如何突破？

對於這樣的質疑，吳誠文心中自有定見，「其實，臺灣學術界長期培養化合物半導體人才，工研院內就有不少擁有此方面專業的同仁，

工研院協理兼南分院執行長吳誠文鑽研 IC 設計與測試卓然有成，2004 年當選 IEEE Fellow，歷年獲獎殊榮包括電機工程學會電機工程獎章、教育部學術獎、教育部國家講座主持人、經濟部國家產業創新獎的最高榮譽，卓越創新研究機構獎等。1971 年他是巨人隊少棒國手，獲世界少棒冠軍。圖為 2014 年他在 VLSI 開幕典禮晚會，以音樂家身份演奏薩克斯風。

也擁有眾多 SiC 專利，可以做為產業界的後盾。」過去，由於矽基半導體的鋒芒過盛，所以化合物半導體領域的進展不容易被看見，現在，舞台出現了，是這些人才可以大顯身手的時候了。

另一個角度看，臺灣長久以來在矽基半導體產業的成功經驗，也大大有助於南部化合物半導體產業的建立。吳誠文表示，「促成新竹科學園區半導體公司與南部傳產企業的合作，是南方雨林計畫的成功關鍵之一。」然而，兩者之間的管理思維、經營作風等存在差異，彼此之間需有橋梁介接，才能溝通無礙，進而攜手合作。

串聯北部半導體和南部傳產力量的這個關鍵角色，非吳誠文莫屬。他是工研院南分院執行長，熟悉南部產業；他也是專研半導體研發及應用的大學教授，長期培養半導體人才，熟悉半導體產業；更重要的是，他是臺南子弟，總是關心著家鄉。

有心，可以突破重重險阻，臺灣在化合物半導體產業發光發熱，指日可待。

Wa-People

成功大學校長蘇慧貞

領先全國揭牌　15 家企業合作

　　政府通過「國家重點領域產學合作及人才培育創新條例」後，2021 年 10 月 22 日，成功大學「智慧半導體及永續製造學院」領先揭牌。成功大學校長蘇慧貞率領團隊，以驚人的速度與效率，與台積電、台達電、國巨、旺宏、日月光、華邦電、全訊、奇景光電、力積電、穩懋、中鋼、中石化、李長榮化工、中信造船，及大亞電線電纜等十五家企業談成合作，與國內頂尖大學相比，合作企業家數最多。

　　強調「智慧」及「永續」，蘇慧貞說，成大「智慧半導體及永續製造學院」看見了臺灣產業生態系在製造轉型升級，以及綠能的需求。

「臺灣產業面對 2030 年到 2050 年最重大的挑戰，就是如何快速達到淨零碳排及綠能的目標，以維持全球競爭力。」「結合大數據驅動創新，正是推動智慧製造的原動力。」

　　以「分工、共榮」的思維，邀請企業及夥伴學校一起合作。蘇慧貞強調，無論是半導體產業，或下世代的智慧製造，生態鏈的布建對臺灣非常重要，需要各式各樣的人才。「如今產業人才的缺口，絕對不是全國四所半導體學院、400 名碩博士生就能夠解決的。」

　　蘇慧貞希望建構一個讓大家信任、並且能夠分工共榮的平台。她主張的分工精神，落實在「成功大學從研發端培育人才，基礎人才端則邀請十幾家優質的科技大學夥伴學校共同合

成功大學「智慧半導體及永續製造學院」
分工共榮平台
成為世界相信的力量

文：王麗娟　　圖：古榮豐、成功大學

慶祝九十週年校慶的這一年，成功大學領先全國成立「智慧半導體及永續製造學院」，邀請台積電、台達電、國巨、旺宏、日月光、華邦電、全訊、奇景光電、力積電、穩懋、中鋼、中石化、李長榮化工、中信造船、大亞電線電纜等十五家企業合作，打造大南方科技走廊。

作。」她認為如此才能快速有效地達成企業期待，共同面對人才缺口的重大挑戰；在共享方面，則強調師資、課程、制度規劃等軟體資源，加上核心設施與重大裝備等硬體資源，都能讓平台成員共享，不但對同學的體驗及人才養成非常重要，而且不必重複投資。

智慧製造、能源敏感

蘇慧貞強調，成大「智慧半導體及永續製造學院」以兩個下世代最挑戰的關鍵價值，來設計學院的內容。「一是以數據為核心（data centric）的思考，另一個是高度能源敏感（energy sensistive）的課程設計。」

這樣的策略思維，顛覆了每一個課程的設計。「從設計、封裝、材料，到製造，都必須從一開始就挑戰新的教育內涵及訓練方式。」一方面要思考如何透過材料、製程及各方面的創新，快速友善地降低耗能；另一方面則透過AI及大數據來驅動創新與智慧製造，探索新製程的可能性。

蘇慧貞強調，「如果我們從教導學生的第一分鐘開始，就以這兩個關鍵價值去培育人才，那麼，我們將是一個全然不同的單位。」

強調分工、共榮，並以大數據、能源敏感作為關鍵價值，這就是成大能在很短的時間，就吸引十五家企業一起合作的主因。蘇慧貞說，「因為這樣，這麼多家企業源源不絕地加入平

台一起努力，從上、中、下游，不同的面向進行分工。」「我們也邀請所有的夥伴學校貢獻他們的知識、經驗、技術，及教學資源，一起創造不同的人才培育。」她強調，這個流動狀態，將會是最理想的臺灣競爭力的展現。

友善、有制度的課程規劃

「帶著單位持續創新，是作為一個學術行政的人，應該有的基本道德」，蘇慧貞認為，面對產業的人才缺口，「學校該做的事情是把材料、環境、制度準備好，而不是用科系的框架去限制一個人的無限可能。」她指出，成大有許多在跨領域表現傑出的人才，如今，國家急需半導體人才，如果能夠提供好的環境與材料，將有機會讓更多不同科系的人才上線。

成大「智慧半導體及永續製造學院」開設晶片設計、半導體製程、半導體封測、關鍵材料、智能與永續製造等五大學位學程，涵蓋半導體產業上、中、下游區塊，彼此息息相關，並鼓勵學生跨學程選課。除了半導體專業領域之外，課程還融入人工智慧（AI）、大數據分析、物聯網（IoT）、智慧製造、永續循環、綠色科技及碳中和觀念，讓學生擁有未來科技的全方位訓練。

蘇慧貞也邀請南臺科大、高雄科大、崑山科大、明志科大等十幾所優秀的科技大學與成大「智慧半導體及永續製造學院」合作，一起投入百人、千人的培訓計畫。她指出，「許多科技大學前半段的學生，真的很優秀，也很賣力，他們是撐起許多科技大廠的重要人才。」「相較於學位學程，學分班是沒有名額限制的，」蘇慧貞強調，只要能夠累積足夠的學分，透過評量委員會的認證，就有機會變成企業選才晉用的門票。

「敏求智慧運算學院」於 2020 年 8 月 24 日正式營運，左起成大電機系教授謝明得、旺宏董事長吳敏求、成大校長蘇慧貞、敏求智慧運算學院講座教授吳誠文

「廣達－成大聯合 AI 研究中心」於 2021 年 12 月 29 日成立，左起廣達董事長林百里、臺南市長黃偉哲、成大校長蘇慧貞

「智慧製造創新中心」於 2018 年 6 月 19 日開幕啟用

蔡英文總統出席「智慧半導體及永續製造學院」2021年10月22日揭牌儀式,與成大校長蘇慧貞、學院院長蘇炎坤(右七)及合作企業合影

平台價值:互相拉抬

2021年12月29日,在「廣達-成大聯合AI研究中心」簽署合作備忘錄的記者會上,廣達董事長林百里公開讚揚蘇慧貞,說她的「夢想力跟執行力,是臺灣校長的第一名。」

「努力變成世界相信的力量」,是蘇慧貞率領成大同仁努力的目標。她表示,自己從歐洲的朋友們身上學到一件事,特別是歐盟中小型的國家,「他們很能夠互相拉抬,而且似乎已經是習慣的一部分。」

「以臺灣的規模與面臨的挑戰與困境,如果能透過互相拉抬,讓自己的軟體條件、硬體條件,甚至人格特質、文化經驗,變成大家不能捨棄的平台、無法放棄的基地,那我們就一定有存活空間。」「雖然很難,但如今每件事都要生態鏈,所以,能夠把大家串聯在一起的平台,就變成很關鍵。」

產學合作獲得企業界熱烈支持,蘇慧貞說,「成功大學是被人信任的合作夥伴,被人信任是一件千金難買的事。」在校內,她提醒同仁,包括「電機資訊學院」、「敏求智慧運算學院」、「智慧半導體及永續製造學院」,及「廣達-成大聯合AI研究中心」,各學院之間要發揮一體的精神,在產業生態系中,互相發揮加值效益,必須互相拉抬才有活路。

打造大南方科技走廊

「智慧半導體及永續製造學院」於2021年10月22日揭牌後,緊接著12月8日與高雄市政府合作,進駐高雄亞灣85大樓設立分院;2022年2月15日,又揭牌啟動南部科學園區的台達大樓作為教學研發基地。

蘇慧貞強調,到高雄設立分院之前,她特別盤點了教育部的公開檔案,發現除了電機、機械等科系之外,對半導體產業而言,成大校友在材料方面的貢獻,可說是一支獨大,特別是高階的研發人力,幾乎都由成大校友囊括。加上合作的十五家企業中,超過半數的總部在高雄,因此,她找到了服務更大區塊的意義,將臺南與高雄兩地連線,以打造大南方科技走廊的角度來耕耘。

以無私的願景,吸引大家分工合作,做出更有影響力的改變。蘇慧貞率領成大團隊,透過產學合作,共同培育下世代半導體人才,建立大南方產學創新生態系,將進一步帶動創新及永續發展。

Wa-People

陽明交大「產學創新研究學院」院長孫元成（中）、副院長張翼教授（左）、副院長唐震寰教授（右）

陽明交大「產學創新研究學院」

培育頂尖科技人才
產學協力打世界盃

文：王麗娟、陳玉鳳　圖：古榮豐

陽明交大數十年來為臺灣半導體、電子產業培育無數優質人才，如今再次挺身而出，成立「產學創新研究學院」，力邀台積電、鴻海、聯發科、緯創資通、聯詠、力積電、研華等七家企業共同出力，一起培育半導體及人工智慧等領域的創新人才。

2019 年開始，美中科技戰火不歇，2020 年又爆發新冠肺炎疫情，在各方因素交互影響下，以往運作順暢無虞的半導體供應鏈出現問題，導致晶片荒至今仍未紓解。在此極端情況下，臺灣半導體產業的關鍵角色更為突顯，甚至可說是被推上國際政經局勢的風頭浪尖，布局決策動見觀瞻。

全世界對於臺灣半導體產業的要求又多又急，為了因應需求，業者必須不斷擴大規模，也需要更多的人才加入。蓋新廠不容易，找人才更難，尤其是臺灣半導體業發展至今已達世界頂尖，今後要在世界盃競賽中維持領先地位，就必須有更多高階人才投入。聽到企業界對於人才的渴求，政府想辦法解決問題，「國家重點領域產學合作及人才培育創新條例」因應而生。

法規鬆綁，對創新更有幫助

此創新專法受到產學界重視，關鍵在於「鬆綁」，允許企業投入更多資金、資源，且企業的涉入程度也更深，可以共同參與課程規劃並提供企業業師授課。根據此創新條例，產業研究學院需設置監督會及管理會等機制，且需有一定比例的產業代表，共同參與學院各項決策。

「鬆綁，對創新有益，」陽明交大「產學創新研究學院」（簡稱「創新研究院」）院長孫元成指出，「人才培育需要龐大資金、優秀

陽明交通大學「產學創新研究學院」揭牌典禮，蔡英文總統、行政院蘇貞昌院長、行政院羅秉成政務委員、教育部潘文忠部長、新竹市林智堅市長、經濟部林全能常務次長、高教司朱俊彰司長，以及台積電、鴻海、緯創資通、力積電、研華、聯發科、聯詠七間合作企業代表，台灣半導體產業協會TSIA、國際半導體產業協會SEMI與學、研界代表皆親臨盛會

師資，企業力量的加入能加速相關資源的到位，有利創新的發生。」陽明交大創新研究院配置15名編制內、15名編制外暨多位合聘教師，其中不乏玉山學者、吳大猷科技獎得主等。

陽明交大林奇宏校長表示，以半導體為本的「AI／智能系統」無所不在，更是未來「數位經濟」與「節能永續社會」的基礎。陽明交大產學創新研究學院以「前瞻半導體」及「智能系統」作為重點領域成立研究所。

「前瞻半導體」研究將借重校內奈米中心製程設備，中心擁有超過100台半導體設備，已建置潔淨室面積超過3000平方米，為全國大學之冠；「智能系統」研究有校內資訊中心大型智能運算雲端平台，以及國網中心巨型智能運算雲端平台作為後盾。

宏碁集團創辦人施振榮董事長為創新研究學院管理委員會主席，他表示，為提升臺灣全球競爭力、促進經濟發展，產業升級轉型及培育人才是當務之急。陽明交大積極推動產學共創，將學術資源投入尖端研究，並引進企業研發任務，系統化加強產業界與學術界連結，以產學共創建立一個相互共創價值、生生不息的新機制。

陽明交大創新研究學院下設「前瞻半導體研究所」與「智能系統研究所」。前瞻半導體研究所成立3個技術組別，分別為「半導體材料與構裝」、「半導體元件與製程」，以及「積體電路與設計」，規劃每年招收60名碩士生及15名博士生。

智能系統研究所則有「人工智慧、資料科學、運算與應用」、「資安與資訊工程」及「寬頻通訊與物聯網」3組，規劃每年招收40名碩士生及10名博士生。

陽明交大「產學創新研究學院」院長由台積電前技術長／陽明交大國際半導體產業學院講座教授孫元成擔任；副院長張翼，同時擔任

陽明交大「產學創新研究學院」院長孫元成

陽明交大「產學創新研究學院」

院長：孫元成
副院長：張翼、唐震寰

前瞻半導體研究所 所長：柯明道	**智能系統研究所** 所長：鄭文皇
可使用奈米中心超過 100 台半導體設備，潔淨室面積超過 3000 平方米，為全國大學之冠	擁有資訊中心大型智能運算雲端平台、國網中心巨型智能運算雲端平台作為後盾

合作企業
台積電、鴻海、聯發科、緯創資通、聯詠力積電、研華

資料來源：陽明交大
整理製表：產業人物 Wa-People

陽明交大電資中心主任暨國際半導體產業學院院長；副院長唐震寰，同時也是陽明交大副校長暨電機學院院長。

大學、學院、企業
發揮三者相乘效應

陽明交大一向擁有鮮明的半導體基因、堅強的產學研究實力，加上六個學院（電機學院、工學院、理學院、資訊學院、智慧科學暨綠能學院、醫學院）的豐富資源，以及產學中心、國際半導體產業學院長年打下的產學合作基礎等，陽明交大在人才培育和實用的頂尖研究上有著很好的起跑點，臺灣半導體及科技業界一向仰賴該校培育的優質人才，該校也從來不負期望。

例如，於 2015 年成立的「國際半導體產業學院」，堪稱全球首個以半導體產業導向定位的國際化學院。「這個學院結合電機學院、工學院及理學院的研發能量，與前台積電技術長、現中央研究院院士胡正明教授，共同執行科技部支持的國際頂尖異質整合綠色電子研發中心計畫（I-RiCE），過程中培育許多頂尖人才，協助臺灣半導體產業邁向高峰，」創新研究院副院長張翼説明。

相較於以往，此次的產學合作之門開啟幅度更大，創新研究院也快速取得與台積電、鴻海、聯發科、緯創資通、聯詠、力積電、研華等七家知名企業合作。

「創新研究院、陽明交大、合作企業，要如何發揮三者的相乘效應？這是我們的挑戰，」創新研究院副院長唐震寰坦言接下此職務的壓力，「外界都在觀察我們的做法和成果，對我們的期望不只是三者相加，而是要發揮三者相乘的效益。」

為了最大幅度地發揮相乘效應，創新研究院的三位主事者必須在人、事、物與資源的分配、溝通、連結、協調與執行方面，做到盡善盡美、面面俱到。任務很難，但憑藉創新研究院三位核心人物在學界及產業界的江湖地位，水到渠成應該是預料中事。

從企業到大學
深知產業真正需求

孫元成於 1997 年加入台積電，曾任台積電處長、資深處長、研發副總、技術長。他主導先進製程技術藍圖，改造研發流程和基礎架構，自主開發新技術，全力支援開放創新平台（Open Innovation Platform, OIP），並與工廠和相關團隊全力合作，一代又一代將新技術移轉至工廠量產，協助台積電從過去的技術追隨者，到今日的奈米技術領先者。論起半導體產業需要哪些技術創新人才？問孫元成準沒錯。

擔任台積電的技術掌門人，追求技術創新是他的使命。他帶領團隊制定節能 CMOS SOC 系統晶片技術，倡導的低耗電 CMOS 平台獲國際技術藍圖委員會採用以制定技術規格需求藍圖，開啟手機與行動運算應用商機；他與團隊也是 CMOS 射頻、類比混合技術之先驅者，帶動了 WiFi 與行動通信裝置的成長與普及；他也積極提倡 3Dx3D 系統 scaling，進而打開了超級摩爾時代。

2018 年從台積電退休，他將技術創新的 DNA 移植到學界。身為全球知名的半導體大師施敏院士和薩支唐院士的學生，孫元成深知一位好老師的影響力，如今的他也矢志作育英才，「半導體產業的工作，其實就是在造福人類，我想讓更多年輕學子了解半導體產業的重要性

陽明交大電子與資訊研究中心主任張翼出任「產學創新研究學院」副院長

及迷人之處，鼓勵更多學子投身這個能夠創造人類未來的科學領域」孫元成說。

連結產學　匯聚成強大力量

張翼是研究化合物半導體的先驅，他是三五族半導體領域的國際知名學者，亦是臺灣三五族半導體產業的開創者。他致力於化合物半導體研究，發展世界最高頻率的 InAs 量子電晶體、世界紀錄的 InGaAs 鰭魚式電晶體及 GaN 功率元件。

不同於如今的化合物半導體受到產業高度重視，在 1990 年代，臺灣幾乎沒有企業投入砷化鎵領域，但是半導體的發展少不了這一塊，「於是，我到學界繼續研究，帶領學生投入化合物半導體領域，研究成果擴散至產業界，逐步推動化合物半導體產業在臺灣的生根發展，」張翼說。

張翼於 1990 年返台至交大任教。他在 1992 年創立漢威光電，這是臺灣首家砷化鎵元件公司，主要發展無線通訊用的功率元件與微波積體電路。由此開枝散葉，他培育的眾多學生及工程師相繼成立多家公司，臺灣化合物半

陽明交大副校長唐震寰出任「產學創新研究學院」副院長

導體產業於焉成形。「現在化合物半導體人才很搶手呀！產業界都來向我要人，」張翼笑呵呵地説著。

串連學界和產業，張翼總是能發揮得很好，「你必須擁有洞察力、説服力和執行力，才能説服這些在國際上呼風喚雨的企業，以及產學界大老願意合作，為你的合作案背書，」張翼串起學界和業界的一股股支持，匯聚成能夠推動臺灣半導體產業邁向高峰的強大力量。

導入創新 PPP 模式，產學共創 AI 未來

唐震寰在學校與工研院的經歷，讓他在減少「產學合作鴻溝」方面頗有心得。他曾在借調工研院期間，主持多個旗艦型計畫，其中包括於 2014 年主持「智慧生活科技運用計畫」。

「這個計畫的參與人員包括工研院及資策會的許多軟硬體、系統、服務設計及應用領域專家、學者與工程師，大家要一起研發相關技術、創新產品、服務與解決方案，並研擬適當的營運模式，打造新興服務供應鏈，」唐震寰指出，這樣的合作方式，對工研院及資策會這兩個臺灣最大的法人機構而言，都是新的嘗試。

透過這些新嘗試，此計畫創造了許多故事，例如，計畫團隊花了相當多的時間與埔里鎮公所同仁、在地居民與企業溝通和合作，透過資通訊科技的運用，加速埔里小鎮走出 921 地震的負面影響，進而吸引當地年輕人願意留下來創業或就業，使得埔里能夠浴火重生。

在實地場域，以客戶需求為中心，經由創新的 PPP（public and private partnership）模式，結合平台與產業鏈，整合物聯網、雲、5G／B5G、大數據、人工智慧與深度學習等資通訊技術，共同研發創新服務與解決方案。以上的經驗正是產業創新學院投入智能系統領域所需要的，「在半導體基礎上發展資通訊、人工智慧、物聯網等相關產品、系統服務和應用，我們需要引進及激發更多創新，」唐震寰説。

歡迎跨領域人才　提早歷練世界盃

以往的產學合作，多為老師和企業單點合作，創新研究院的學院架構，則使得大學能與企業界建立更長期且深化的合作夥伴關係；學生在學習階段，就可以透過共創模式，深入了解企業及產業未來的發展與需求，也可以提早進入世界盃賽場學習。為了培養跨領域人才，陽明交大歡迎各領域學生進入學院，往後也會依據學生學習背景，客製化相關課程。

「如果你的目標是成為世界頂尖人才，請加入陽明交大創新研究院，」這是創新研究院三位核心人物對於年輕學子的呼喚及期待。

Wa-People

臺灣大學「重點科技研究學院」院長闕志達

呼應 5 大重點領域　半導體領先起跑

　　2021 年 12 月 24 日，配合國家長期培育半導體人才政策，臺灣大學「重點科技研究學院」揭牌，蔡英文總統親自出席。臺灣大學「重點科技研究學院」院長闕志達說，「當天我真的很高興呀！不負所託，任務圓滿達成，」回想籌備學院過程的點點滴滴，「真的很辛苦，但總是要有人承擔。」

　　臺灣半導體產業的全球重要性與日俱增，政府回應業界增加人才培育的期望與要求，經立法院三讀通過後，總統於 2021 年 5 月 28 日公布了「國家重點領域產學合作及人才培育創新條例」（簡稱：「創新條例」），鬆綁大學法、學位授予法等，協助國立大學設立「國家重點領域」研究學院，並與企業長期合作，共同培養人才。

　　教育部於「創新條例」公布後，隨即邀集國發會、經濟部、科技部、金管會等部會、學者專家及產業代表共組審議會，決議出「國家重點領域」包括半導體、人工智慧、智慧製造、循環經濟、金融等五大領域。

　　闕志達指出，「我們將新學院命名為重點科技研究學院，就是預留未來加入新領域的可能性」，半導體是第一個重點，未來也可望加入人工智慧、智慧製造、循環經濟、金融等領域。

臺灣大學「重點科技研究學院」

跳脫框架
鞏固護國產業

文：王麗娟、陳玉鳳　　圖：古榮豐

臺灣大學成立「重點科技研究學院」，與台積電、聯發科、力積電、鈺創等四家企業長期合作，設立三個學程，每年招生105人，為國家與產業培育半導體產業領導人才，鞏固護國產業。

2022 年第一屆新生入學

　　闕志達擔任臺大電機系教授多年，與臺大淵源很深。從大一踏入臺大，除了服兵役兩年和負笈美國攻讀碩士、博士學位外，都在臺大校園。他接受臺大校長管中閔委託，投入新學院的規劃及設立，2021 年 6 月中旬經校務會議通過後，9 月獲教育部審議核可並啟動招生，2022 年就有第一屆新生入學。

　　闕志達回想自己當年進臺大時，先是考上醫學系，讀了兩年後，決定轉至電機系就讀。而接觸到 IC 設計並找到熱情，則是始於他赴美讀碩士時，第一次接觸到相關的課程與技術。在經常不眠不休的設計階段完成後，必須經過驗證，再於學期最後將設計交給工廠實際以製程實現。如此以「科技人」的身分，透過 IC 設計展現創意、解決問題的過程，讓闕志達深深感動。

　　1989 年闕志達取得美國加州理工學院電機博士學位後，旋即返國任教於臺大電機系並投入 IC 設計至今，在教學與研究雙方面，皆成績斐然。教學方面，闕志達曾八次獲臺大教學卓越獎，為學界及產業界培養出許多傑出人才。研究方面，除了曾獲國科會（今科技部）頒發傑出研究獎、11 次獲宏碁龍騰獎、多次獲金矽獎外，更獲中國電機工程學會（臺灣）頒發電機工程學傑出教授、經濟部頒發傑出產業貢獻獎、科技部頒發傑出技術轉移貢獻獎，更被推

蔡英文總統 2021 年 12 月 24 日出席臺灣大學「重點科技研究學院」揭牌儀式，與臺灣大學校長管中閔、重點科技研究學院院長闕志達及 4 家合作企業合影

選為備受尊崇的 IEEE Fellow。

兩大目標　獲 4 家企業支持

臺大「重點科技研究學院」與台積電、聯發科、力積電、鈺創等四家企業合作，每年總計可獲得來自企業的 1 億元資金，在通過教育部審核，國發會也會撥下政府經費，企業與政府出資比例為一比一，為期 10 年。學院針對半導體領域設立三個學程，分別為積體電路設計與自動化、元件材料與異質整合、奈米工程與科學，各招收碩士生 25 人及博士生 10 人，總計每年招生 105 人。

闕志達指出，臺大「重點科技研究學院」的兩大目標，分別是培育半導體前瞻研究的領導人才，以及投入國際頂尖的產學合作。他強調，希望企業除了資金挹注外，也投入資源、業師和技術，參與學院的課程規畫、授課，並提供企業實習的機會。

「產業要長期發展，一定要有人投入前瞻研究，」闕志達表示，過去很多學生拿到碩士學位後，到業界就能擁有相當優渥的薪資，因此很多人都不想念博士班。如今，透過高額獎學金的吸引力，希望能吸引並培養更多優秀的博士生，成為半導體前瞻研究的領導人才。

針對國際頂尖產學合作的目標，闕志達舉了一個台積電贊助產學大聯盟計劃的成功範例。2021 年 5 月，臺大跟美國麻省理工學院（MIT）的團隊合作研發，首度提出利用「半金屬鉍（Bi）」作為二維材料的接觸電極，有助實現未來 1 奈米以下、原子級電晶體的願景，獲國際頂尖學術期刊《Nature》刊登。闕志達表示，透過企業的國際網絡及人脈，學院希望「未來能多幾個這種跨國、跨領域、跨單位的研發合作案。」

善盡大學社會責任

「過去幾十年以來，政府提供國立大學龐大的經費，現在政府說半導體產業人才有缺口，我們當然要協助培育優質領導人才呀！這是大學的社會責任，」闕志達因此銜命負起重任。

然而，一個新學院的誕生並不容易，包括空間、師資、經費、工作人員、課程規劃、招生等等，一切都要從零開始。雖有創新條例可做為執行依據，但是許多瓶頸仍有待突破，籌備過程的繁瑣、困難，不足為外人道。闕志達率領團隊，在校長支持下，對內要與各行政單

李佩玲與闕志達研發團隊獲第 17 屆國家新創獎

2005 年闕志達率學生獲教育部矽導計畫肯定

2019 年 4 月 28 日闕志達主持的臺大微系統研究實驗室（MSRL）舉辦師生聚會

位、合作學院及系所做簡報，對外則與合作企業的董事長及主管進行溝通、並舉辦多場招生說明會、新生座談會，一路尋求創新突破、克服挑戰。

舉例而言，針對優秀學生跳級逕讀博士班、不需碩士學位的規定，臺大「重點科技研究學院」就特別向教育部爭取，希望能鬆綁過去只能有四成博士班名額可以直升的限制；而針對碩士的入學管道，教育部原本規定，透過甄試入學的人數佔六成，另外四成必須保留給透過考試入學的學生，闕志達也希望能夠解除該項限制；此外，在招生方面，經過爭取後，教育部也同意學院第一年就可以招收國際生。闕志達說「我們已錄取了三位國際生，預計 9 月就會來了。」

培育領導人才　服務產業及學術界

2021 年，臺大電子所 20 週年，闕志達提醒微系統研究實驗室（MSRL）的學生，「能做研究的時間有限，實在要好好把握。盡可能把工作『做好』而不是『做完』；『做完』是向別人交差，而『做好』是向自己負責。研究上的眾多難關，常在『挫敗／再出發』與腦力激盪的反覆循環中被突破。這些艱辛過程也鍛鍊出迎戰下個挑戰的毅力。成功從來沒有捷徑，它只屬於鍥而不捨的人！」

對於臺灣大學「重點科技研究學院」的期許，闕志達說「學院主要培育半導體領域前瞻研究的領導人才，我們希望未來從這裡畢業的每一位學生，都能到產業界或學術界擔任領導角色。」對於作育英才樂在其中的闕志達，29 歲就當上大學副教授，他為產業界及學術界培養了許多優秀人才，分別在業界擔任重要職位，以及在大學擔任教授。包括清大電機系教授馬席彬、清大通訊所所長黃元豪、創立數感實驗室的臺灣師範大學電機系教授賴以威、中央大學電機系教授蔡佩芸、臺大電機系教授楊家驤，都是他的高徒。闕志達說，「看到學生的成就比自己更好，是我當老師最大的快樂，現在透過重點科技研究學院，我們能培育出更多優質的半導體領導人才，能有這樣的貢獻機會，我個人是很高興的。」

Wa-People

名聞國際的浸潤式微影之父林本堅，擔任清華大學「半導體研究學院」院長

名聞國際大師領軍

在政府政策推動下，國內多所頂尖大學相繼成立半導體學院，為護國產業培養更多傑出人才。清華大學 2021 年成立「半導體研究學院」，邀請名聞國際的中央研究院院士暨「浸潤式（Immersion）微影技術」發明人林本堅擔任院長。總統蔡英文更在揭牌儀式中，形容林本堅是「清大的秘密武器」。

從 2000 至 2015 年，林本堅在台積電的半導體技術開發過程中，帶領微影及光罩研發團隊，每兩年就推出一個完整的新製程節點，持續做出重要突破，讓台積電的競爭力大幅躍升，成為超越英特爾（Intel）並取得世界領先地位的基石，進而改寫了全球半導體發展史。

尤其在 2002 年，當大家都朝著乾式曝光的道路，從 193 奈米往 157 奈米前進時，林本堅卻選了一條不一樣的路。他努力研究，發表了以水作為介質的浸潤式微影技術，善用 193 奈米波長的光，靠著水，有效將波長縮成 134 奈米，就此終結了微影設備廠商投注了近 10 億美元研發的 157 奈米乾式曝光機。

對於來自全球的掌聲與尊敬，林本堅表現得相當淡定，並將功勞歸給上帝，以及專注認真的團隊。他說，「台積電能夠超越 Intel，主要是因為團隊很努力、能夠有決心地朝目標前進。」而面對長期追求技術突破的壓力，林本堅依舊能夠保持平穩的情緒與作息，他說，「因為我是信上帝的人。」

清華大學「半導體研究學院」

把心放上去
培育專才、通才、活才

文：王麗娟、陳玉鳳　　圖：蔡鴻謀、清華大學

清華大學「半導體研究學院」，由中央研究院院士暨「浸潤式（Immersion）微影技術」發明人林本堅領軍，吸引台積電、力積電、東京威力、聯發科技、欣興電子、環球晶圓、美光記憶體、聯華電子、世界先進、敦泰電子、聯詠科技、南亞科技等十二家企業合作，在資金、設備、師資上挹注能量，共同

看見清大堅強的實力

　　2015 年 11 月，林本堅自台積電研發副總經理一職退休後，許多大學爭相邀請這位半導體產業的重量級人物加入。原本，他規劃退休後專心傳福音，幫助人得到更豐富的生命，但他思及教育同樣能幫助學生得到豐富生命，於是決定在教育界繼續貢獻。

　　「因為教育，我的人生變得不一樣，」林本堅出生於越南華僑家庭，在當地完成小學、中學至高二學業，高三時隻身來到臺灣，以僑生身分進入新竹中學就讀。「我 1958 年到新竹，1959 年去臺大，都是住在學校，」林本堅特別難忘在新竹中學那一年，辛志平校長以身教、言教，給了學生們深遠的影響。

　　「竹中那一年的教育非常實在，讓我學到很多東西，」林本堅說，辛志平校長除了每天早上升旗時的訓話外，更在課堂上以三民主義為骨幹，陶冶學生們對國家及社會的責任感。

　　清大在半導體相關的電機資訊、機械、材料等七大領域擁有雄厚的科技基礎及研究實力。林本堅最後決定加入清大，2016 年起擔任特聘研究講座教授，培養未來人才。

　　林本堅說，「我選擇清大，是因為看到清大許多教授很重視學問，在半導體相關的研究成果豐碩。」他指出，2022 年清華大學在 IC 設計領域最重要的國際固態電路研討會（簡稱 ISSCC）上，共錄取 5 篇論文，是其他學校錄取篇數的總和。

蔡英文總統 2021 年 12 月 27 日出席清華大學「半導體學院」揭牌儀式,與時任清華大學校長賀陳弘、半導體學院院長林本堅及 12 家合作企業合影

聖經的啟示　做正經的事業

臺灣大學電機工程學系畢業後,林本堅赴美留學,並於 1970 年取得俄亥俄州立大學電機工程博士學位。畢業後,喜好攝影、且投入光學研究多年的他,本來想去跟光學有關係的公司柯達。

然而,前往 IBM 面談那天,林本堅出門前讀到一段聖經,「留心做正經的事業或留心行善,這都是美事,並且與人有益。」於是,林本堅就此選擇了 IBM 研發中心。22 年間,他帶領研發團隊創造出許多世界第一的技術、取得 40 個專利,並獲 IBM 頒發 10 個「發明獎」及「傑出貢獻獎」。

1992 年,林本堅創業,銷售自己開發的軟體,協助客戶更快、更方便地使用微影技術,在美國、歐洲、日本、臺灣都成功打開了市場。當時,台積電也是林本堅的客戶,而且因為工程師的認真及專業,讓林本堅對台積電的印象非常好。

所以,當 2000 年台積電研發副總蔣尚義邀請林本堅加入公司時,兩人談得很投機,林本堅很快就答應加入台積電。一開始他率領光罩及微影兩個部門,手下約 50 人,到了 2015 年底他從台積電退休時,部門已成長到四個處,人員也增至 700 多人。

從 IBM 的 22 年、創業 9 年,到台積電 15 年,林本堅在每一個階段,都做到世界一流的成績。他說,「影響我的還是聖經,上帝給我什麼環境,我就是用心努力去做。」

培養專才、通才、活才

自擔任清大半導體學院院長以來,林本堅深感每年僅招收 80 位碩士生和 20 位博士生,相較於產業需要上萬人才,在數量上可說是遠遠不夠的。因此他提出應該培育「專才、通才、活才」,把目標放在栽培未來的領導者。

林本堅表示,學生必須深入一門的研究,專精學院中「元件部」、「設計部」、「製程部」、「材料部」的一部,成為該領域的專才。

而為了能夠做好溝通、與他人合作,學生在鑽研單一領域前,必須透過導讀課,掌握元件、設計、製程、材料各部的重點,成為一個通才。

投入研發創新超過 50 年的林本堅,親身見證半導體的創新「不單是廣、不單是深,而且還變化得很快,」「從 5 微米變到 5 奈米,歷經 21 個世代的突破,有很多新東西必須掌握。」

半導體科技日新月異,林本堅期望半導體學院培養的人才,能夠很靈活地活用自己的能力跟知識,去解決新的問題,並發明、開創新

林本堅和光電所同仁為清大半導體學院加油

林本堅與多位清大半導體學院教授合影

清大「職涯心視界」活動，林本堅和專家為學生分享職涯發展

的領域，成為一個活才，唯有如此，臺灣才能保持領先地位。

在林本堅心目中，活才應該有很強的好奇心及好勝心，能夠專心投入他認為很值得去做的事，把心放上去，直到做出來。他強調，「活才能夠建立新方向，比別人先取得專利，讓人追趕，會比追趕別人事半功倍。」

吸引 12 家廠商支持

清大半導體學院很快吸引了台積電、力積電、東京威力、聯發科技、欣興電子、環球晶圓、美光記憶體、聯華電子、世界先進、敦泰電子、聯詠科技、南亞科技等十二家企業合作。除了企業的資金挹注外，國發基金亦提撥經費支持。

在師資方面，清大半導體學院專聘及合聘的教授已超過 50 名，包括來自美國、日本等業界及學界的頂尖師資。林本堅希望在師資和設備上，產業界可以派出一些高手和學院的老師

一同授課，針對許多昂貴的設備與儀器，也希望業界能讓教授和學生有機會使用。

2022 年，林本堅在他增訂出版的《把心放上去：「用心則樂」人生學 》書中分享自己投入高等教育八年，所領悟到的方法與快樂。

林本堅授課時，特別重視學生們的理解與吸收，同時培養學生獨立思考、解決問題、發揮創意，以及團隊合作。「為了鼓勵學生們學習合作，有些習題是設計給他們合作解答的。」

鼓勵學生發問、重視對學生的啟發外，林本堅也會拋出問題，讓學生輪流回答、發問、或延伸出新方向；有時他也會提出正待突破的瓶頸，請同學當場發明突破的方法。林本堅在書中說：「往往一個解法會激發更好的解法。同學們七嘴八舌地提供他們的想法，得到 brainstorming 的效果，老師也從心裡樂起來。」

培育本地優秀的博士，讓他們具有世界級的水準，是林本堅對清大半導體學院的另一個願景。他表示，當本地博士的形象提高到世界水準，那麼，也有可能吸引國外的學生前來臺灣攻讀博士學位。

林本堅強調，培育活才不容易，必須用靈活的方法因人施教，「需要教授們和學生們的認同和努力，以及產業界和政府的支持。實現這些構想需要時間，不可能一蹴而及，需要各方面的協助和耐心。」

Wa-People

後疫情時代
歐美 FinTech 產業趨勢

文／圖：胡國琳

自從 2020 年 3 月份 Covid 疫情擴散至歐美至今已將近兩年，各個產業都受到相當程度的衝擊，從下圖可以看到截至 2021 年 5 月為止，各國政府用全國總產（GDP）的 10~50% 來振興經濟，避免經濟因為疫情快速萎縮。以美國近 21 兆 GDP 為例，5.5 兆美元已透過市場機制進入資本市場，另外國會最近國會通過額外 2 兆美元作為基礎建設基金。

自從 2008 年金融風暴後，全世界已經在超低利率中度過了十幾年，各國央行已成為最重要的資金供應來源，造成的全球廉價資本取得以及近年來的股市狂飆得不正常現象，這波的疫情真是雪上加霜。市場普遍對未來的經濟發展不甚樂觀。

但跟據 statista 統計數據，針對金融科技（Financial technology，簡稱 FinTech）產業卻是疫情的受益者，過去兩年 FinTech 交易值增加超過兩兆美元，透過 FinTech 雲端和線上服務，例如人類可以無障礙進行虛擬會議和教學，避免直接接觸減免感染機率。線上交易和購物更是倍數成長。預計 2025 年 FinTech 產業交易值將到達 10.7 兆美元，從 2020 年算起成長將近 100%，可以想見在未來幾年 FinTech 產業的成長能量。

在商用房地產上，以紐約市為例，傳統上大部分公司多極力爭取在曼哈頓擁有據點，因

FinTech 交易值成長表

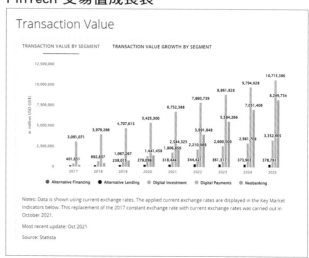

此極少有空屋率，這波疫情已經讓曼哈頓空屋率增長至 20.4%，租金更是下滑 30%。其中原因之一，FinTech 產業過去兩年已經漸漸轉型成虛擬公司，不再需要有實質辦公室，絕大部分員工都是在家上班，員工因此每天節省通勤時間，大大增加工作效率，甚至平均健康狀況都比疫情前更好，FinTech 公司的業務更是快速成長。因此 FinTech 產業已經開始規劃後疫情時代新的營運模式，員工在家上班可能會變成是常態，公司更有效率的虛擬化，經營模式將可更容易做全球佈局和全球人才運用。這些都是我們過去沒有經驗過的，這波疫情推動了 FinTech 產業向前至少 5 至 10 年。 未來商場的勝負將取決於誰可以掌握著波趨勢。

（本文作者胡國琳（Jordan Hu）是美國著名市場投資和風險管理公司 RiskVal Financial Solutions, LLC 執行長，該公司立足美國紐約 20 年，客戶遍佈全球五大洲，都是國際知名的銀行和避險公司）

Wa-People

焦 點 新 聞

文／圖：《產業人物 Wa-People》編輯部

施敏院士　獲華人諾貝爾獎

被譽為半導體之父，中央研究院院士暨交通大學終身講座教授施敏博士（Dr. Simon Sze）2021 年 11 月獲頒有華人諾貝爾獎之稱的未來科學大獎之「數學與電腦科學獎」，表彰他提出金屬與半導體間載子傳輸理論，引領全球半導體元件開發，獎金一百萬美元。施敏 1967 年和貝爾實驗室同事姜大元發現「浮閘記憶體效應」，衍生多種記憶體，其中「快閃記憶體」開啟了數位行動時代。施敏撰寫的 ”Physics of Semiconductor Devices”《半導體元件物理學》，起先用於交大電子研究所上課講義，後翻譯成六國語言發行，成為全球最暢銷的「半導體界聖經」。

M31 円星六度獲台積電合作夥伴獎

円星科技（M31）2021 年 10 月 29 日宣布，六度榮獲台積電頒發「特殊製程矽智財年度合作夥伴」獎。該獎項是台積電表彰開放創新平台（OIP）生態系統夥伴為下世代卓越設計做出貢獻的大獎。台積電設計建構管理處副總經理 Suk Lee 表示，M31 的持續合作與努力讓我們的技術發展能夠維持領先。M31 円星科技董事長陳慧玲表示，六度獲獎不僅是一大榮譽，更是對 M31 在研發技術和客戶服務方面卓越表現的認可。

群聯推出全球首款認證
高速資料傳輸 PCIe 5.0 Redriver IC

群聯電子 2022 年 5 月 18 日推出全球首款通過 PCI-SIG 協會認證的 PCIe 5.0 Redriver IC PS7101，群聯執行長潘健成表示，成為全球第一顆獲得協會認證的產品，這是對群聯技術實力的肯定，意義非凡。展望未來，群聯將堅守 IC 設計本業，打造最可靠且最完整的高速儲存與高速傳輸解決方案，與全球客戶共創共榮。

台灣應用材料承諾
為社區貢獻正面影響力

台灣應用材料不僅專注本業，並承諾為社區貢獻正面影響力。2021 年與台灣全民食物銀行協會發起的 Fight Against Hunger 對抗飢餓活動，在短短兩週內，火速募得同仁超標新台幣 150 萬元捐款，挹注成立三家社區型食物銀行，鏈結資源，有效分配給在地弱勢家庭或邊緣戶，幫助 6000 多人。

2022 世界半導體理事高峰會 劉德音蟬聯全球主席

　　台灣半導體產業協會（TSIA）理事長暨台積電董事長劉德音，2022 年 5 月 19 日以視訊主持世界半導體理事高峰會（WSC），並蟬聯 WSC 全球主席，將代表 WSC 處理涉外事務，並對世界科技及人文進步做出更深一層的貢獻。2022 年是 TSIA 第四次主辦 WSC，劉德音再度出任此重要國際組織的全球主席。

2022 華立創新材料大賽起跑！

　　華立 2021 年營收締新猷，突破新台幣 700 億元，年增近 2 成，創歷史新高。2022 年大手筆投資，以成為全臺灣最大半導體及光電材料物流業者為目標。2016 年起，華立以實際行動關注產業人才培育，每年支持中國材料科學學會舉辦全國大專院校「華立創新材料大賽」，由該學會產學研合作委員會及工研院材化所負責執行，2022 年收件至 8 月 15 日止。

台積電 2021 年優良供應商

　　台積電 2021 年 12 月 16 日頒發優良供應商獎，得獎者包括應用材料、台灣先藝科、艾司摩爾、佳能、長春石油化學、春源鋼鐵、互助營造、日商捷時雅、科林研發、默克、信越半導體、勝高、東京威力科創等十三家供應商，感謝全球供應商夥伴在新冠肺炎疫情持續嚴峻的挑戰下，協助台積公司順利進行擴廠、建立全球據點，共同為半導體產業發展與卓越製造做出貢獻。

旺宏 6 吋廠　25.2 億賣鴻海

　　2021 年 8 月 5 日旺宏與鴻海舉辦簽約儀式，旺宏以 25.2 億元出售 6 吋晶圓廠廠房及設備給鴻海。旺宏總經理盧志遠及鴻海科技集團半導體事業群總經理陳偉銘代表簽署合約。鴻海集團董事長劉揚偉指出，鴻海將用這座六吋廠開發與生產第三代半導體，特別是電動車使用的 SiC 功率元件。旺宏董事長吳敏求強調，旺宏在車用電子市場已朝全球第一邁進，相信未來雙方將有更緊密的合作機會。

傑出總經理：張季明、林志明

　　新竹市企業經理協進會 2021 年 12 月 11 日頒發傑出經理獎，理事長謝榮哲恭喜欣銓副董事長暨總經理張季明、晶心董事長林志明獲傑出總經理獎；以及工研院機械所經理王俊傑、資通所副經理蔡峰杰、達勝總經理白宗城、瑞昱資深協理黃茂昌、台灣半導體產學聯盟執行長江政龍、鉅怡智慧共同創辦人鐘孟良、工研院電光所經理吳明憲、牛欄河執行長盧文鈞，長期努力獲得肯定！

打造亞太生態系中心
工研院與 Arm 推設計平台

　　結合關鍵智財，打造亞太生態系中心，工研院攜手 Arm 共構新創 IC 設計平台，經濟部工業局局長呂正華、工研院電子與光電系統所所長吳志毅、Arm 台灣總裁曾志光 2021 年 9 月 7 日共同簽署合作備忘錄，將協助國內外 IC 設計新創團隊落腳臺灣，並於 IC 設計平台上取得更多服務，待產品進入量產階段再支付授權費。

經濟部助攻 5G 搶占全球市場

　　從 5G 手機晶片、小基站、開放式網路、核心網路、標準驗測，以及智慧工廠產業應用，經濟部助攻 5G，建構臺灣自主產業鏈進軍全球有成，2021 年 12 月 13 日舉行成果發表會，展現臺灣產官研攜手推動 5G 端到端產業鏈成果。左起工研院總營運長余孝先、和碩聯合總經理馮震宇、經濟部部長王美花、經濟部技術處處長邱求慧、經濟部工業局副組長林俊秀展示 5G 驗測平台。

TEL 深耕臺灣 25 年
強力徵才 500 名

　　TEL 台灣子公司東京威力科創深耕臺灣二十五年，看好未來產業動能並強力徵才，年薪上看 200 萬元，人數自 1600 名再增 500 名。東京威力科創台灣區總裁張天豪宣布啟動大規模徵才計畫，強調 TEL 是有溫度的隱形冠軍，特別向設備製程、行銷業務、採購行政等優秀人才招手，歡迎社會新鮮人及技職體系人才加入。

雲達科技深耕 5G + AI

　　瞄準 5G 專網及企業數位轉型需求，雲達科技（Quanta Cloud Technology）以完整的 Cloud、5G、AI 產品線，提供從企業級到超大資料中心級的解決方案服務，提升數位競爭力。2021 年 12 月 27 日首次曝光該公司與英特爾共同打造的 5G Open Lab，提供完整 5G 網路整合驗證功能，將作為雲達與開放生態系合作的基地。次日並舉行研討會，探索 5G 結合 AI 的應用趨勢與綜合效益。

陽明交大 NYCU

陽明交大首屆 11 位傑出校友

　　陽明交大 2021 年 12 月 23 日公布首屆傑出校友，包括新北市衛生局長陳潤秋、台中市衛生局長曾梓展、新竹馬偕醫院院長翁順隆、高雄市醫師公會楊宜璋醫師、聯發科總經理陳冠州、中華電信執行副總林榮賜、頂峰資產董事長劉助、北護大校長吳淑芳、臺北榮總內科部主任唐德成、環保署署長張子敬。蔡國智替宏碁打下海外基礎，現任合肥晶合董事長，獲頒特殊貢獻傑出校友。

蔡英文總統接見
第 14 屆崇越論文大賞得主

第 14 屆崇越論文大賞公布獲獎名單後，2021 年 12 月 23 日在總統府祕書長李大維、教育部政次劉孟奇陪同下，蒙總統蔡英文接見，崇越論文大賞主辦單位台灣管理學會理事長、前經濟部長黃營杉教授表示，崇越論文大賞創立至今已邁入 14 個年頭，因為質精量寡，歷年報名者眾，因此也獲稱「管理學界奧斯卡」之美譽。

孫弘獲成大校友傑出成就獎

盟立集團董事長兼總裁孫弘 2021 年 11 月 12 日獲成功大學頒發「校友傑出成就獎」。成大校長蘇慧貞表示，孫弘是成大機械系 60 級校友，是業界盛讚的「齒輪王」。孫弘自成大畢業 50 年後獲母校頒發殊榮，十分感動且激動，他回憶在成大機械系學到技術也學到做人做事的道理。畢業後從金屬中心、工研院到成為盟立集團董事長兼總裁，都在實踐老師強調工業報國的諄諄教誨。

晶焱通過 AEC-Q100 車規認證

只要插電的產品，就會需要靜電防護設計。晶焱靜電放電（ESD）防護元件 2021 年成功掌握遠端辦公及消費性商機，全年營收創新高，達 41.42 億元。展望 2022 年，PC ／筆電持續導入資料傳輸速率更快的 PCIe Gen 4 介面、SSD 主晶片採更先進製程，讓晶焱在保護系統免受 ESD 突波威脅上，帶來新商機。此外晶焱 ESD 晶片已通過 AEC-Q100 車規認證，將有助於推動車用市場成長。

全球百大創新機構
工研院 6 度獲獎

經濟部推動前瞻技術研發與關鍵專利國際布局，優異智財營運表現獲國際肯定！科睿唯安（Clarivate）2022 年 2 月 24 日發表報告，工研院連續 5 年，第 6 度榮獲「全球百大創新機構獎」，是亞太獲獎最多次之研究機構，獲獎次數亦居臺灣機構之首，更與 3M、Intel、Qualcomm、Samsung、法國 CEA、CNRS 等機構齊名。

崇越打造最美水資中心
建越獲公共工程金質獎

崇越科技旗下環保工程事業建越科技，於桃園打造「全台最美水資中心」，文青水園水資源回收中心採低衝擊開發，榮獲「21 屆全國公共工程金質獎」。行政院院長蘇貞昌 2021 年 12 月 23 日親自頒獎表揚得獎企業致力提升公共工程品質水準，並強調公共工程的品質，與人民生活息息相關，感謝所有第一線工程人員的投入與努力。

宜特獲「國家產業創新獎」

定位電子產業的專業驗證測試實驗室，宜特科技以 IC 電路修改（FIB）服務起家，並透過協助 IC 除錯、故障分析（FA）、可靠度驗證（RA）、材料分析（MA）、化學／製程微汙染分析、訊號測試等，成為客戶鞏固品質、加速產品上市的研發夥伴。2021 年獲經濟部頒發第七屆「國家產業創新獎」-「服務創新領域」績優創新企業獎，宜特董事長余維斌出席領獎。

億載會 20 週年　陳麗芬接棒

「億載會」2022 年 3 月 11 日舉行第 19、20 屆會長交接典禮，由台灣科學工業園區科學工業同業公會副理事長，人稱「陽光阿姨」的直得科技董事長陳麗芬接任，成為創會以來首位女性會長。億載會創辦人為東陽事業集團吳永豐董事長與大億企業集團吳俊億董事長，集結大台南地區上市櫃、準上市櫃企業代表，促進跨業經驗分享和交流，2022 年邁入第 20 週年。

敦泰獲 GSA 最佳財務管理獎

全球半導體聯盟（GSA）2021 年 12 月 9 日在線上舉辦頒獎典禮，敦泰電子脫穎而出，在營收不超過 10 億美元的企業範疇中，榮膺 Best Financially Managed Company「最佳財務管理半導體公司獎」，與聯發科並列年度兩間獲獎的亞洲半導體企業。敦泰 2021 年營收 219.91 億元，每股純益 30.23 元，都提升到更高層次，敦泰電子董事長胡正大博士表示，這個成就是全體員工努力的成果。

友達捐清大智慧講堂

友達光電 2021 年 12 月 7 日捐贈清華大學科技管理學院一套最新的智慧教室設備，命名「友達講堂」，包括 135 吋 LED 大螢幕、兩側 86 吋觸控顯示器、數位講桌、可追蹤攝影的高畫質攝影機等，一鍵就能自動錄製、直播，打造後疫情時代互動創新的學習環境。清大校長賀陳弘與友達董事長彭双浪在觸控白板寫下融合研發核心與永續價值的合作方程式，宣告友達講堂正式啟用。

施振榮在元宇宙發現千里馬

「我在元宇宙世界發現一匹千里馬」，宏碁集團創辦人施振榮 2022 年 2 月 7 日介紹國際 NFT 數位藝術家吳哲宇，與科文双融集團合作首度在台舉辦個展，並推動 NFT 創作者育成計畫。吳哲宇從國二起，連續五年參賽宏碁數創獎，拿下四次首獎，高一時更以普通組擊敗專業組，拿下評審團大獎。交大畢業後，吳哲宇到美國紐約大學讀整合數位媒體碩士，施振榮還幫他寫推薦函。

鄭平、彭双浪、汪秉龍、陳其宏 獲頒 ERSO Award

　　潘文淵文教基金會董事長史欽泰 2022 年 4 月 19 日於國際超大型積體電路技術研討會上，頒發 ERSO Award，由佳世達董事長陳其宏、友達董事長彭双浪、台達電執行長鄭平、久元電子董事長汪秉龍等 4 人獲獎。他表示，該獎項特別在國際論壇上頒獎，表彰對半導體、電子、資通訊、光電及顯示產業重要貢獻人士，今年已邁入第 16 年。

Rene Haas 接任 Arm 執行長

　　矽智財大廠安謀（Arm）2022 年 2 月 8 日宣布，董事會任命 Rene Haas 成為新任執行長（CEO），並加入董事會，將帶領進行重新上市的準備工作。Rene Haas 擁有 35 年的半導體產業經驗，在 2013 年加入 Arm 之前，曾任應用管理、應用工程和產品工程等職務，並在 NVIDIA 任副總裁暨運算產品事業部總經理七年。Arm 原執行長 Simon Segars 交棒後，短期將任公司顧問，協助交接。

采鈺獲卓越中堅企業獎

　　采鈺「專注本業、深耕技術、佈局全球」，為全球最大的晶圓級光學元件代工廠，2021 年 9 月 23 日獲經濟部頒發第 6 屆卓越中堅企業獎肯定，由行政院副院長沈榮津（前排中）、經濟部長王美花（前排左四）、工業局長呂正華（前排右四）頒獎，采鈺總經理辛水泉（後排左二）出席領獎，並表示采鈺將繼續培養半導體光學人才，並深耕自駕車與 AR/VR 等應用，為下階段布局。

真空泵浦夯　鋒魁登興櫃

　　鋒魁科技投入半導體、光電產業的真空泵浦新機製造有成，打入台積電、聯電、群創、美光、友達、華星光電、WaferTech 及英特爾等等大廠供應鏈，2021 年新機產能提升至 400 台，並於 11 月 24 日登錄興櫃。鋒魁董事長張錦發展望 2022 年，看好包括新機台銷售、售後服務、舊機台固定維修及自動化部門等四大成長動能。隨著新廠可望 2022 年底啟用，出貨量可望挑戰千台目標。

車輛中心自駕小巴 TIE 首亮相

　　車輛研究測試中心（簡稱 ARTC、車輛中心）在經濟部技術處支持下，串連近 20 家車輛與科技業者跨領域合作，打造自駕電動小型巴士 - WinBus，內含智慧人機介面，遠超市售車輛 Level 2 自駕等級，已與彰化、高雄及澎湖等縣市政府合作提供民眾觀光交通接駁服務，2021 年 10 月 14 至 16 日首度參加 TIE 台灣創新技術博覽會（TIE），成為展覽會場焦點。

許明德出版《清華文藝復興》

清大自強基金會前董事長許明德出版新書《清華文藝復興》，他是清華大學核子工程系第一屆畢業、第一屆傑出校友及第一屆「特殊貢獻獎」得主，曾獲中華民國管理科學學會「李國鼎管理獎章」，現任清華大學「清華百人會」諮詢委員及校史計畫諮詢委員會委員。書中介紹清大進行中的「清華 3.0」新發展階段，除了近年新設的學院外，同時將人文社會領域加深加廣，包括藝術學院、教育學院以及政經學院，更設置了美術館、音樂廳、文物館及文學館，使清華的學術領域與環境完備，人文與科技互相關照，融合啟迪跨領域創新。

李長明連任 TPCA 理事長

台灣電路板協會（TPCA）第十一屆理監事選舉，由欣興資深顧問李長明連任理事長，並選出21席理事、7席監事、3席副理事、1席副監事，成員包含板廠、材料商及設備商。TPCA 過去以智慧化、高值化、綠色永續三大願景為目標，成功帶動台灣 PCB 產業鏈全面升級，2021 年台灣 PCB 產業鏈海內外總產值達新台幣 1.29 兆元再創新高。李長明表示，未來 3 年將以「凝聚會員、提升產業競爭力、共創永續新價值」及「台灣 PCB 產業高值低碳推動」，作為本屆任期最重要的目標。

5G 智慧製造聯盟迎兆元商機

在經濟部支持下，「5G 智慧製造產業旗艦團隊與產業聚落聯盟」2022 年 1 月 19 日召開成立大會，成員包括五家大學院校、漢翔、引興、程泰、大立、東台、宇隆、寶嘉誠、工研院、精機中心等 22 個產官學研單位，由台大教授覺文郁（圖右）擔任計畫主持人。經濟部技術處處長邱求慧（圖左）指出，全球疫情為智慧機械業帶來兆元商機，期盼透過產學研合作加值，為產業注入活水。

「站在世界舞台上」新書出版

2021 年 7 月 28 日，宏津數位出版新書《用心創新，站在世界舞台上》，記錄五位當代產業人物奮鬥並登上世界舞台的故事，包括盟立集團董事長暨總裁孫弘、和大集團董事長沈國榮、欣銓科技董事長暨旺宏電子總經理盧志遠、宜特科技創辦人暨董事長余維斌，及麥實創投創辦人方國健。作者王麗娟為資深媒體人，於 2008 年創業，致力為年輕人報導產業及人物故事，這是她第四本著作。

Wa-People 產業人物
www.wa-people.com

採訪邀約、歡迎聯絡

《產業人物 Wa-People》編輯部
TEL：02-27936514
service@wa-people.com

產業人物 wa-people

關心產業動態　一起為產業加油！

產業人物Wa-People

首頁　　影片　　播放清單　　社群　　頻道　　簡介　🔍

船長轉跑道 500萬創業傳奇 |
久元電子、宏齊科技董事長…

前進竹科➡半導體➡IC設計
➡EDA➡武功灌頂 | Cadence…

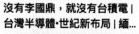

沒有李國鼎，就沒有台積電 |
台灣半導體·世紀新布局 | 緬…

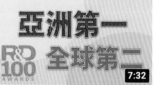

經濟部捷報 R&D 100 Awards
全球百大研發奪亞洲第一、…

《用心創新－站在世界舞台
上》線上新書發表會Part 02 …

《用心創新－站在世界舞台
上》線上新書發表會Part 05 …

《用心創新－站在世界舞台
上》線上新書發表會Part 04 …

《用心創新－站在世界舞台
上》線上新書發表會Part 03 …

《用心創新－站在世界舞台
上》線上新書發表會Part 07…

年輕人，莫徬徨！讓這本書陪
伴你 | 大老闆親自投稿 | 翻箱…

幫助台灣打贏半導體產業史上
最重要的兩場官司 | 敦泰電…

先進製程除泡專家為年輕人說
故事：年少如何突破撞牆期 |…

運籌全球 掌握通路就是贏家 |
#驛洲運通董事長鄭日省 |…

南科威哥功「呈」身退　臨別
祝福竹科 | 悼南科管理局前…

來群聯打拼吧！車位都準備好
了 #群聯電子 #Phison #潘…

台灣原創　讓Arm很介意的IP
公司

記錄科技產業「人」與「事」，值得關注、鼓掌、感謝的 ......

史無前例
智財專家齊聚挺你

發 行 人：王麗娟
顧　　問：史欽泰、陳麗楓
作　　者：王麗娟、陳玉鳳、魏茂國、史欽泰、陳健邦、許有進
　　　　　張耀文、李明哲、張宜如、王瑞璋、胡國琳
主　　編：李慧臻
攝　　影：古榮豐、李慧臻、蔡鴻謀、劉國泰
美術主編：陳芸芙
美　　編：陳儀珊
圖片支援：洪琪雯
編輯顧問：王雅嫻、王麗婷、吳佩娟、吳律頤、吳英英、呂宜真、李佳如、李國維
　　　　　林文彥、林佳蓉、林淑宛、俞明瑤、張聲華、許慧萍、郭淑華、陳林政
　　　　　陳欣園、陳品函、陳妍華、陳淑珠、陳雅娟、陳臆如、彭文祺、黃姿儀
　　　　　趙士玲、趙書筠、劉源河、蔡婷婷、蔡榮宗、鄭杏如、賴惠秋、羅光裕
　　　　　（依姓氏筆劃順序）
責任編輯：產業人物 Wa-People 編輯部
專案管理：王靜婷
出版公司：宏津數位科技有限公司
電匯帳號
帳　　戶：宏津數位科技有限公司
銀　　行：彰化銀行東湖分行
帳　　號：5376-01-00951-0-00
訂　　購：tina@wa-people.com
讀者服務：02-27936514（周一至周五 AM10:00~PM6:00）
　　　　　service@wa-people.com
印　　製：青雲印刷有限公司
總 經 銷：紅螞蟻圖書有限公司
地　　址：台北市 114 內湖區舊宗路 2 段 121 巷 19 號
電　　話：02-27953656　　傳真：02-27954100
電 子 書：Readmoo 讀墨電子書　https：//readmoo.com/
初　　版：2022 年 6 月
定　　價：新台幣 450 元

ISBN 978-986-89590-5-7（平裝）
書　　號：產業人物雜誌 A006

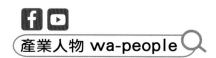

國家圖書館出版品預行編目（CIP）資料

史無前例 智財專家齊聚挺你 / 王麗娟, 陳玉鳳, 魏茂國, 史欽泰,
陳健邦, 許有進, 張耀文, 李明哲, 張宜如, 王瑞璋, 胡國琳作；
李慧臻主編. -- 初版. -- 臺北市：宏津數位科技有限公司,
2022.06
144 面 ;21x29 公分
ISBN 978-986-89590-5-7(平裝)

1.CST: 臺灣傳記 2.CST: 科技業 3.CST: 人物志

783.32　　　　　　　　　　　　　　　　　111008952